▲ 아이들 어릴 때, 눈썰매장에서 ⓒ박혜정

▲ 나의 연년생 딸들. 서로 안아주고
우애가 돈독한 편(사진 왼쪽)이며

언니가 동생 공부를 가르쳐주기도 하고,
스스로 잘하는 아이들(오른쪽)이다. ⓒ박혜정

▲ 집 근처의 배려 깊은 주유소 ⓒ박혜정

▲ 현금 지급기. 높이를 낮춰도 빛에 반사되어
글자가 잘 안 보이기도 한다. ⓒ박혜정

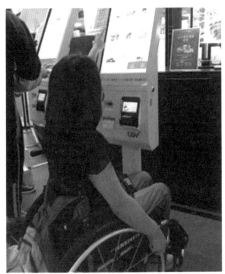

▲ 영화관 팝콘 주문할 때 손이 안 닿고(사진 왼쪽),
식당 음식 주문할 때 글자가 안 보이고 손도 안 닿는다. ⓒ박혜정

▲ 서류 발급기. 글자가 아예 안 보인다. ⓒ박혜정

▲ 휠체어 장애인은 들어갈 수조차 없는
무인 편의점 ⓒ박혜정

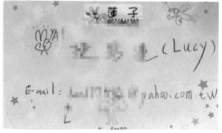

▲ 타이페이 지하철 안에서 만난
대만 장애인 루시와 친구가 되었다. ⓒ박혜정

▲ 루시가 만나게 해준 대만의
척수장애인협회 이사님 ⓒ박혜정

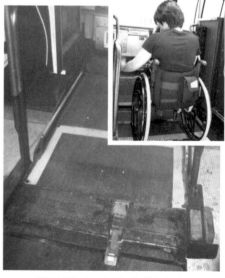

▲ 휠체어를 타고 뉴욕 맨하튼의 버스를
탑승하는 모습 ⓒ박혜정

▲ 2주간 임시로 살던 YMCA 숙소(위)와
룸메이트로 들어가 살게 된
뉴욕의 작은 아파트(아래) ⓒ박혜정

▲ 친절하지만 정이 없는 미국인들 사이에서
나는 이방인일 수밖에 없었다. ⓒ박혜정

▲ 내가 찍은 노이슈반스타인 성 ⓒ박혜정

▲ 22년 전 초등학교 1학년 담임선생님을
독일 마리엔 다리에서 만나다니!!! ⓒ박혜정

▲ 너무 덥고, 바가지 요금에 지쳤던
태국 여행이었다. ⓒ박혜정

▲ 온갖 도구로 물을 뿌리는 태국 사람들에게
우리는 물벼락을 맞았다! ⓒ박혜정

▲ 남편과 내가 좋아하는 해산물 뷔페 음식
ⓒ박혜정

▲ 남편과 오히려 추억이 되었던
최악의 태국 여행 ⓒ박혜정

▲ 사랑하는 두 딸, 샌디에이고
사파리파크에서 ⓒ박혜정

▲ 그랜드캐니언에서 가족사진을 찍다!
ⓒ박혜정

▲ 밴쿠버 카필라노 서스펜션 브리지에서
ⓒ박혜정

▲ 나이아가라 폭포에서 혼블로어 배타기
ⓒ박혜정

▲ 토론토 CN타워에서 ⓒ박혜정

▲ 자유의 여신상 앞에서 ⓒ박혜정

▲ 멕시코 칸쿤의 올인클루시브 리조트의 바다
ⓒ박혜정

▲ 너무 행복했던 칸쿤의 리조트에서
우리 가족은 행복을 되찾았다. ⓒ박혜정

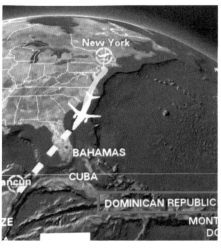

▲ 나도 가기 전에는 도미니카공화국이
어디 있는지 몰랐다. ⓒ박혜정

▲ 동양인을 처음 보는 듯
우리 가족을 쳐다봤다. ⓒ박혜정

▲ 멕시코와 비교하면 시설이 열악했던
도미니카공화국의 리조트

하지만 푸르른 바다가 바로 있었다. ⓒ박혜정

▲ 오션월드 앵무새 먹이 주기 ⓒ박혜정

▲ 돌고래와 교감하는 프로그램 ⓒ박혜정

▲ 나의 딸들은 도미니카 아이들과
금방 친구가 되었다.

우리 가족은 큰 행복을 찾았다! ⓒ박혜정

▲ 제주도 리조트에서 인어가 된 아이들
ⓒ박혜정

▲ 가파도에서 따뜻한 정을 느낄 수 있었다.
ⓒ박혜정

▲ 파란 제주님 덕분에 우리 아이들은
귤나무 심기라는 값진 체험을 했다. ⓒ박혜정

▲ 스카이다이빙을 함께 뛰어 내려준
교관과 함께 ⓒ박혜정

▲ 경비행기에서 뛰어내리던 순간, 죽음의 공포를 느꼈다.

하늘을 날고 있다는 자유로움은 정말 최고였다. ⓒ박혜정

▲ 탄중아루 해변 석양을 배경으로 첫째가 둘째를 안고 뽀뽀해주는 장면은 정말 감동이었다. ⓒ박혜정

▲ 반딧불이 투어에서 봤던 반짝반짝 요정들을 아이들은 아직도 기억한다. ⓒ박혜정

▲ 우리 가족과 친정 부모님은 이 여행으로 행복한 추억을 가질 수 있었다. ⓒ박혜정

▲ 우여곡절 속에도 행복한 가족여행이었다. ⓒ박혜정

▲ 오사카 도톤보리에서 아이들을 잃어버렸다. ⓒ박혜정

▲ 제주 한 달 살기 리조트에서 짐 정리를 혼자 다하고 뿌듯했다. ⓒ박혜정

▲ 이런 1~2cm의 턱에도 휠체어는 걸린다.
ⓒ박혜정

▲ 경사로 중간의 1~2cm 턱에 걸려
크게 다칠 뻔했다 ⓒ박혜정

▲ 허니문 베이비 첫째를 임신하고 만삭,
출산 2일 전 ⓒ박혜정

▲ 제주 한 달 살기 리조트의 아이들 책상
ⓒ박혜정

▲ 드디어 첫째가 태어나고 10일째(위) 첫째가 15개월 때 태어난 둘째(아래) ⓒ박혜정

▲ 힘들어도 행복한 육아를 하게 된 우리 부부 ⓒ박혜정

▲ 행복한 육아 ⓒ박혜정

▲ 어릴 때 우애 있는 모습을 보면 그렇게 흐뭇할 수가 없다. ⓒ박혜정

▲ 내가 태어나 지금까지 제일 잘한 건,
너희를 낳은 일이야! ©박혜정

시련은 축복이었습니다

시련은 축복이었습니다

초판 1쇄 2022년 07월 28일 **초판 2쇄** 2022년 08월 24일

지은이 현혜 박혜정 | **펴낸이** 송영화 | **펴낸곳** 굿웰스북스 | **총괄** 임종익

등록 제 2020-000123호 | **주소** 서울시 마포구 양화로 133 서교타워 711호

전화 02) 322-7803 | **팩스** 02) 6007-1845 | **이메일** gwbooks@hanmail.net

© 박혜정, 굿웰스북스 2022, *Printed in Korea.*

ISBN 979-11-92259-33-8 03190 | **값** 16,000원

현혜 박혜정

방황과 절망을 빛나는 미래로 바꾼 여행의 마법

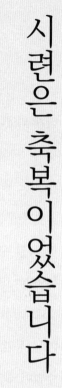

시련은 축복이었습니다

굿웰스북스

나는 열일곱 살에 불의의 사고로 하반신 마비가 되어 평생 휠체어를 타게 되었다. 스스로 '장애인'이라는 이름을 받아들이기까지 방황하고 한없이 좌절하던 시간이었다. 그러나 죽지 않았으니 살아야 했다. 휠체어를 타고 못 살 것 같았지만, 그래도 살아졌다.

뭔가 꾸준히 하지는 못했지만, 겁이 별로 없는 성격 덕분에 휠체어를 타고 할 수 있을까 싶은 일도 무모하게 도전했다. 주변에서 실행력 갑(甲)이라고 불릴 정도로 하고 싶고, 할 수 있으면 그냥 했다.

나를 나타내는 주요한 인상착의가 '휠체어를 타는 장애인'이 된 지난 29년 동안, 희망을 가지고 시련을 극복한 듯했다가 또다시 좌절하기를 수없이 겪었다. 그런데 지쳐 쓰러져서 다시 일어날 수 없을 것 같은 순간에도 보이지 않는 희망의 끈만은 놓칠 수가 없었다. 아무리 그래도 내 인생을 절대 포기하고 싶지 않았기 때문이다.

조금은 아프고 좌절했던 이야기 속에 그래도 포기하지 않고 내가 붙잡고 있던 희망에 대해 말하고 싶었다. 지금 너무 힘들어 희망조차 보이지 않는 분들에게 문틈 사이로도 새어 나오는 빛줄기와 같은 용기와 희망을 드리고 싶었다.

1998년 스무 살 초반 무렵, 나는 한 신문사의 장애인 연수생 모집에 운 좋게 당첨이 되어 첫 해외여행을 했다. 그 뒤로 새로운 곳으로 여행하는 매력에 빠져버렸다. 여행이 너무 하고 싶어서 돈을 모으는 대로 떠났다. 그렇게 나 혼자 처음으로 떠났던 홍콩 여행, 대만 여행에서 내 삶을 어떻게 살아야 하는지 깨달을 수 있었다. 또한 크고 작은 시련이 닥쳤을 때 스스로 헤쳐 나가며 자신감이 쌓여갔고, 내면의 강인한 힘을 키울 수 있었다. 그리고 이 책에 담긴 남편과 아이들과의 태국, 미국, 캐나다, 멕시코, 도미니카공화국, 제주 한 달 살기 여행은 우여곡절을 우리 가족이 함께 겪어나가며 가족의 사랑과 우애를 느낄 수 있었다.

결혼 전 여행이 나를 찾아가는 이야기였다면, 결혼 후에는 우리 가족의 행복을 찾을 수 있었던 여행이었다. 나에게 여행이 가져다주는 행복은 실로 놀라울 정도였다. 휠체어를 타는 여자인 나 같은 사람도 하는데, 누구든지 '할 수 있다!'는 용기를 드리고 싶다. 여행을 통한 행복을 많은 분이 가질 수 있기를 간절히 소망한다.

풋풋한 고등학생이던 내게 닥친 시련은 마흔이 넘은 나에게 정말 축복이 되었다고 느낀다. 운명을 뒤바꾼 사고로 몸의 3분의 2가 마비된 중증장애인이 되었지만, 나에게 주어진 새로운 삶은 진정으로 선물이자 축복이 아닐 수 없다.

프롤로그

20대의 버킷리스트 중 하나였던 책을 내기 위해 1년 6개월이라는 시간을 욕창과 통증을 견디며 힘들게 써왔다. 이렇게 프롤로그까지 쓰는 게 정말 꿈만 같다. 나는 사실 미사여구를 붙여 멋지게 글을 잘 쓰지는 못한다. 하지만 적어도 나의 진심, 진솔함이 읽는 분께 전해지도록 최선을 다해 썼다. 누군가에게 위로와 희망이 되길, 용기를 내어 도전하는 힘을 드릴 수 있길, 또 선한 영향력으로 행복한 메시지를 전할 수 있기를 진심으로 바란다.

　죽지 않고 살고 있으니 20대의 버킷리스트를 하나하나 실행할 수 있었다. 멋진 곳으로 여행을 하고 스카이다이빙을 통해 하늘을 나는 잊지 못할 경험도 했다. 이렇게 글을 쓸 수 있는 행복이 너무나 감사할 뿐이다. 시련에도 꿋꿋하게 견디며 포기하지 않고 그래도 살았더니 하늘이 내려준 고마운 남편과 천사 같은 두 딸이 내게 생겼다.

　내게 주어진 최고의 선물과 축복인 아이들, 남편과의 행복은 글을 쓰면서 더 내가 살아가는 이유가 되었다. 내가 지쳐 쓰러질 것 같을 때, 온 마음이 가시투성이가 되어왔을 때도 따뜻하게 보듬어준 가족이 있었기에 내가 다시 힘을 내서 살 수 있었다. 언제나 나를 지지해주는 가족이 아니었다면, 지금 이렇게 행복한 나는 없었을 것이다.

　이 자리를 빌려 사랑하고 존경하는 엄마, 아빠, 어머님께 진심으로 감사를 드린다. 미국에 있는 내 동생과 제부에게도 안부와 고마움을 전하고 싶다. 그리고 누구보다 제일 고맙고 든든한 남편, 이 세상에서 무엇보다 소중한 아현이와 아혜에게 깊고 깊은 사랑과 감사를 전한다.

17년 비장애인으로 살았던 삶보다 29년째 장애인으로 살아온 내 삶이 '더 온전히, 나답게, 나대로 살 수 있어서' 너무나 큰 선물이었다. 진정으로 내 인생의 시련은 축복이었음을. 이 책을 읽는 당신에게도 시련이 부디 축복이 되길 간절히 바라며.

2022년 7월

부산에서

현혜 박혜정

목차

1장

시련을 만나고 내 인생은 뒤바뀌었다

4장

내가 여행을 통해 깨달은 것들

5장

시련은 축복이었습니다

1장

시련을 만나고 내 인생은 뒤바뀌었다

01

/

시련은 한순간 찾아왔다

1994년 10월 12일, 8m, 180kg 간판 추락, 그것은 '내 운명을 뒤바꾼 사고'였다.

고등학교 1학년이던 나는 가을 소풍을 이틀 앞두고 설레고 있었다. 그날은 태풍이 지나간 뒤여서 바람이 거세게 불었다. 그날 아침, 내가 학교에 가는 길이었다. 버스정류장 100m 전쯤에서 회수권을 꺼내려고 멈추어 섰다. 바로 그때 휘몰아치는 바람에 8m 크기의 거대한 간판이 떨어지며 나를 덮쳤다.

그렇게 시련은 한순간 찾아왔다. 그날 만약 바람이 그렇게 거세게 불지 않았더라면, 회수권을 꺼낸다고 멈춰 서지만 않았더라면, 내 인생의 꽃다운 시기를 그토록 힘들게 보내지 않았을 것이다.

사고가 난 장소는 꽤 번화한 곳이지만, 그날은 희한하게 나 말고는 주변에 아무도 없었다. 엄청난 굉음을 듣고 놀라서 나온 건물 경비원이 나를 처음 발견했다. 당시는 119를 부르는 게 대중화되어 있지 않던 1994년이어서 지나가는 1톤 트럭에 실려 병원으로 옮겨졌다.

병원으로 옮겨지고 난 뒤에 나는 계속 혼수상태였다. 외상이 심하지 않고 처음에는 어디를 다친 건지 몰라서 계속 검사만 했다고 한다. 너무도 답답한 부모님은 큰 대학병원으로 나를 보내달라고 요청했다. 대학병원으로 옮기고 내가 의식을 회복한 건 그로부터 보름이 지난 뒤였다.

그 사고로 여러 검사 끝에 나는 폐가 파열되고 척추신경이 손상된 걸 발견했다. 폐가 파열되어서 척추 수술을 바로 할 수 없었다. 폐에 고인 피를 빼내느라 5개월이 지나 수술을 하게 되었다. 결국 척추신경은 완전히 손상되어버렸다. 그래서 나는 1년간 대학병원에서 수술과 치료를 받았고, 6개월은 재활병원에서 지내게 되었다.

부모님은 내가 다친 게 당신들 탓인 양 죄책감에 시달리셨고, 간판 제조업체와 간판 상호 회사와의 피해 보상 문제 등으로 지쳐갔다. 나는 척

시련은 축복이었습니다

추신경 손상으로 하반신 마비는 물론, 장기의 기능과 대소변 감각까지 잃었다. 대소변을 내 의지대로 가릴 수 없어 다 큰 처녀가 바지에 실수할 때, 그 비참함은 정말 말로 다 표현할 수 없었다. 죽을 수 있다면 그냥 죽고 싶었다. 그런데 도움 없이는 앉을 수도 없는데, 죽고 싶어도 죽을 수가 없었다.

그런 시련과 고통의 시간을 보내던 중, 나를 끔찍하게 아껴주시던 친할아버지가 1년 전에 심장마비로 돌아가신 게 생각이 났다. 내가 죽으면 말 한마디 못 하고 돌아가신 할아버지가 너무 슬퍼하실 것 같았다. 그리고 나는 죽은 게 아니라 살아 있으니 어떻게든 살아야 한다는 생각이 들었다.

그렇지만 '장애인'이라는 수식어를 달게 된 나는 점점 주눅이 들었다. 집 밖에 나가는 걸 극도로 꺼리며 하루 종일 집 안에서만 생활했다. 그러던 어느 날, 나보다 더 힘든 시련을 이겨낸 분들, 나처럼 몸이 불편하지만 열심히 살아가는 분들의 이야기를 책으로 읽게 되었다.

그제야 좌절하고만 있는 나 자신이 보였다. 대소변 감각을 잃은 건 내 탓이 아니었다. 걸을 수 없는 것도 내 탓이 아니었다. 그런데도 나 자신만을 비하하고 숨어 지내는 건 내 잘못이라는 생각이 들었다.

나는 팔을 이용해 모든 일을 해야 하기 때문에 옷을 입고, 신변처리를 하는 데 남들보다 시간이 두 배 이상 걸린다. 처음에는 다른 사람보다 시간이 더 걸리고, 더 힘들게 해야 하는 상황이 너무 싫었다. 하지만 이제는 느리기만 한 나의 상황에서 더 이상 조급해하지 않는다. 비록 두 다리로 달리거나 걸을 수 없지만, 살아 있는 것만으로도 감사한 일이니까.

신이 인간에게 준 가장 놀라운 능력은 바로 선택하는 능력이라고 한다. "좋은 생각을 하면 좋은 일이 일어나고, 나쁜 생각을 하면 나쁜 일이 일어난다."라는 진리를 깊이 새기며, 좋은 생각, 긍정적인 것을 나는 선택했다.

긍정적인 마음으로 내가 할 수 없는 일보다 할 수 있는 일을 찾으면서 삶이 바뀌기 시작했다. 뒤늦게 고졸 검정고시와 수능을 치르고, 이듬해 대학에 입학했다. 대학 생활도 좋은 선후배들을 만나 정말 재밌게 보냈다. 열심히 공부도 했고, 열심히 놀기도 많이 했다.

대학을 졸업해도 장애인은 아예 취직하기가 힘들었던 시절이었다. 하지만, 나는 졸업 후 전자 회사와 교육 회사에서 근무했다. 또한 대학원을 다니고, 미국 어학연수도 다녀오는 등 정말 열심히 살았다. 그 뒤로도 기회가 되면 어떤 아르바이트이든 일이든 했다.

돈을 벌어 내가 좋아하는 여행도 많이 다녔다. 지금까지 20여 개국을 다녀왔다. 처음에는 단지 좋아서 갔던 여행이었지만, 여행을 통해 자신감을 점점 회복했다. 게다가 시련을 극복하는 힘까지 여행에서 기를 수 있었고, 더 성장한 나 자신을 볼 수 있었다.

하반신이 마비되기 전에 내가 할 수 있는 일은 만 가지였다. 그러나 이제 내가 할 수 있는 일은 구천 가지가 있다. 나는 잃어버린 천 가지를 자꾸 떠올리며 후회할 수도 있고, 아직 내게 가능한 구천 가지를 생각하면서 기쁘게 살 수도 있다. 선택은 오로지 내게 달려 있다.

돌이켜보면 내가 사고를 당한 그날 이후, 많은 것을 잃었지만 얻은 것도 많다. 무엇보다 내 인생을 진지하게 바라볼 수 있었다. 그리고 전에는 알지 못했던 세상의 아름다움을 느끼는 여유와 너그러움을 배울 수 있었다.

또 내 인생을 완전히 뒤바꾼 운명의 간판 덕택에 시련이나 고통이 와서 주저앉게 되더라도 시련을 극복하고 다시 일어서는 법을 배웠다. 앞으로 어떤 어려움이 와도 꿋꿋이 살아갈 자신감이 생겼으니 나는 충분히 행복하다.

사고가 난 지 29년이 지난 지금도 여전히 일어설 수 없고, 대소변 감각도 느낄 수 없다. 감각이 없으니 엉덩이 욕창도 25년째 달고 산다. 게다가 오랜 휠체어 좌식 생활로 마흔 중반이 된 요즘은 온 데가 아프기도 하다.

하지만 한 10년 전부터 장애가 강점이 될 수도 있다는 사실을 깨달았다. 장애를 가지고 있어서 누릴 수 있는 혜택도 많고, 내가 중증 장애인이기에 교육공무원 임용도 가능했다. 내가 휠체어를 타고 있지만, 조금만 밝게 웃어도 많이 긍정적인 사람으로 봐줬다. 힘든 장애를 가지고 있지만, 조금만 더 열심히 살면, 건강한 사람보다 더 빛나는 사람으로 인정해주었다. 그것이 내가 시련을 축복이라 여기고, 더 열심히 긍정적인 마음으로 사는 이유이다.

누구에게나 각자 힘든 부분이 분명히 있다. 그러나 동전의 앞뒷면이 모든 일에 있듯이, 나에게 주어진 힘든 일, 상황을 뒤집어 보면 감사한 일, 좋은 일로 바뀌는 게 느껴진다. 힘들어도 좋은 생각을 하기로 선택한다면 좋은 일이 계속 일어날 것이다. 그렇게 좋은 생각, 좋은 면을 선택한 뒤, 바뀐 나의 삶은 너무 감사하고 행복한 일이 많다. 나는 지금 너무 예쁜 두 딸이 있고, 나를 항상 위해주는 남편도 있다. 나에게는 좋은 일이 너무나 많이 일어나서 매일매일 설렌다. 내게 주어진 삶이 너무 행복하고 감사할 뿐이다.

시련은 축복이었습니다

▲ 아이들 어릴 때, 눈썰매장에서 ⓒ박혜정

이 글을 읽는 당신도 나와 같은 상황이나 더 힘든 상황에서 스스로 이겨내는 힘을 가지고 있는 사람이다. 그리고 좋은 생각을 하고 좋은 면만 보기로 선택하라. 점점 좋은 일이 가득해질 것이다. 그러면 당신도 분명히 행복할 수 있다!

02

/

평생 휠체어를 타고 살아야 한다고?

대학병원에서 시작된 나의 병원 생활은 중환자실에서부터였다. 중환
자실에서 혼수상태로 보름 동안 횡설수설했다고 한다. 의식이 돌아왔다
가 의식이 없기를 반복했다고 한다. 나는 전혀 기억이 나지 않는 보름 동
안, 이름과 나이를 물으면 계속 동생 이름과 나이를 대답하거나 헛소리
를 했다고 한다. 내가 제대로 의식을 찾을 때까지 한없이 마음을 졸이셨
을 부모님은 그 보름이 지옥과 같았다고 하셨다.

보름이 지나고 겨우 의식을 되찾은 나는 일반 병실로 옮겨졌다. 골절
된 척추 수술을 해야 했지만, 폐가 터져서 피가 고여 있는 상태라 그 피

시련은 축복이었습니다

를 빼내는 일부터 먼저 하게 되었다. 양쪽 옆구리를 뚫어서 호스와 같은 긴 관을 꽂고 피를 빼내야 했다. 그래서 꼬박 5개월은 척추 수술을 못 하고 그대로 누워만 있었다.

나는 제대로 된 응급 처치도 없이 1톤 트럭 짐칸에 실려 왔다. 처음 실려 간 병원에서 내 상태를 전혀 모른 채 3일을 허비했다. 게다가 대학병원에 와서도 폐가 터진 것 때문에 척추 수술을 5개월이나 뒤에 하게 되었다. 이 모든 것이 내 마비 상태를 악화시킨 건 분명한 것 같다.

그렇게 누워서 5개월을 보낸 뒤, 골절된 척추에 심 두 개를 고정하는 수술을 하게 되었다. 그 수술 후 회복하는 데까지 시간이 조금 더 걸렸다. 처음으로 침대를 세워 앉았던 날을 잊을 수가 없다. 5개월 이상을 누워만 있다가 처음으로 앉으니 어지러웠고, 몸이 더 아팠다. 그래도 창밖의 풍경이 보이면서 '내가 살아는 있구나.' 하는 생각에 너무 감격스러웠다.

며칠 뒤에는 엄마 아빠의 도움으로 드디어 휠체어를 타게 되었다. 처음 타보는 휠체어가 너무 신기했다. 사실 다치기 전에는 무척 건강한 편이어서 병원을 갈 일이 별로 없었기 때문에 휠체어를 본 적이 없었다. 어느 날 갑자기 엄청난 사고로 누워만 있다가 처음 보는 휠체어를 타게 되니 내가 회복되어 간다고 생각했다. 그때까지도 나는 내가 조금만 더 나으면 전처럼 병원을 걸어서 나갈 수 있다고 믿었다.

다친 지 6개월이 넘어가면서 신경외과 병동에서 재활의학과 병동으로 병실을 옮기게 되었다. 재활의학과로 옮기고 나서 얼마 지나지 않아 담당 의사가 청천벽력 같은 말을 내게 해주었다. 척추신경의 완전 손상이기 때문에 척수의 회복은 불가능하다고 했다.

"평생 휠체어를 타고 살아야 한다고?"

그 말을 듣는 순간, 눈앞이 깜깜하다 못해 새하얘졌다. 병원이라곤 가보지 않을 정도로 건강하던 내가 휠체어를 평생 타고 살아야 한다니 나는 말도 안 된다고 생각했다. 그래서 의사에게 따졌다. "뭐라고요? 휠체어 타고 평생 살라구요? 내가 왜요? 치료하면 안 되는 게 어딨어요? 걷는 게 뭐가 그리 어려운 거라고 그게 왜 안 돼요? 내가 왜 그래야 하는데요!!!" 있을 수 없는 일이라고 극구 부정하고 싶었다.

그 뒤로 나는 꼬박 3일을 말도 하지 않고 밥도 먹지 않았고, 휠체어도 꼴 보기 싫으니 침대에 누워서 다시 절망에 빠졌다. 왜 나한테만 이런 일이 일어났는지, 내가 뭘 잘못해서 이렇게 된 건지 믿을 수가 없었다. 앞으로 휠체어를 타고 어떻게 살아가야 할지 너무나 막막했다. 내 인생이 왜 이런지, 나한테 왜 이런 엄청난 시련이 온 건지 정말 알 수가 없었다.

세상 모든 것이 원망스러웠고, 차라리 죽는 편이 낫겠다고 생각했다. 죽고 싶었지만, 휠체어로 옮겨 앉는 것도 혼자 할 수 없었으니 마음대로

시련은 축복이었습니다

죽을 수도 없었다. 이렇게 되어버린 내 '몸뚱아리'가 너무 싫어서 미칠 것 같았다.

식음을 전폐한 지 3일째 되던 날 오후에 갑자기 그런 생각이 들었다. 내가 죽고 싶어도 죽을 수가 없는데, 그냥 살아야지 어떡해! 그리고 작년에 돌아가신 할아버지 생각이 났다. 할아버지는 심장마비로 유언 한마디 못하고 돌아가셨는데, 나는 어쨌든 살아 있잖아! 내가 살아 있는 건 그래도 분명히 이유가 있을 거라는 생각을 하게 되었다.

재활의학과로 옮기고 나서부터는 링거도 거의 맞을 일이 없었다. 척수의 손상으로 인한 마비 상태는 더 이상 회복을 위해 치료할 게 없기 때문이다. 이제는 생활에 적응하는 재활 치료가 시작되었다. 휠체어를 타고 움직이는 것부터 휠체어에서 침대로 옮기는 것, 화장실에 가서 변기로 옮겨 앉는 것을 연습했다. 어깨와 팔, 손의 힘을 길러야 했다. 남아 있는 부분의 근력을 키우는 것밖에는 없었다. 그리고 마비된 다리를 풀어주는 전기 치료나 자전거 운동 등을 하게 되었다.

재활 치료는 팔과 손으로 모든 걸 다 해야 하니 처음에 너무 힘들었다. 온전히 팔 힘으로만 마비된 하체를 들기가 어찌나 무겁던지. 팔의 근력이 서서히 생기면서 조금씩 나아지긴 했다. 병실에 와서는 될 수 있으면 아빠의 도움을 받지 않고 혼자서 해보려고 했다. 일을 계속 할 수밖에 없는 엄마를 대신해서 아빠가 병간호를 했기 때문에 내가 어쩌면 재활이 조금 더 빨랐는지도 모르겠다.

어떻게든 혼자 힘으로 뭐든지 해보려고 힘들어도 꾹 참고 버텼다. 완전히 받아들일 수는 없었지만, 휠체어를 타고 생활해야 할지도 모른다는 생각이 마음 한편에 있었다. 그래서 내가 할 수 있는 최대한 재활을 해야 했다.

그 뒤로는 간호사님들과 재활치료실 선생님들과 그래도 밝게 웃으며 재밌게 잘 지냈다. 또, 가끔 병문안 와주는 친구들과도 병원에서 즐겁게 시간을 보냈다. 하지만, 돌아서면 내가 정말 나을 수 없으면 어떡하나 하는 생각에 늘 우울한 게 사실이었다. 휠체어를 타고 죽을 때까지 산다는 건 너무 끔찍한 일이었다. 딱 3일 식음을 전폐하고 좌절한 뒤, 금방 털어낸 것처럼 보였을지 모른다. 그러나 사실은 털어내지 못했다. 완전히 장애를 받아들이기에는 시간이 한참 더 걸리는 엄청난 일이었기 때문이다.

전혀 가능성이 없어 보이는 내 다리를 봐도 자꾸 나을 수 있을 거라는 희망을 버릴 수 없었다. 아직 분명히 방법이 있을 거라고 생각했다. 한낱 희망일지 몰라도 나와 부모님은 지푸라기 같은 그 끈을 놓을 수가 없었다.

그래서 월요일부터 금요일까지는 병원에서 재활 치료를 하고, 주말에는 부모님이 수소문해놓은 곳으로 전국 어디든 찾아갔다. 침을 잘 놓는 다는 한의원은 정말 100군데는 가본 것 같다. 기(氣) 치료를 받으러 수십 군데 갔었다. 부모님은 척추나 신경에 효과가 있다는 약재나 보약이 있다고 하면 수도 없이 찾으러 다니셨다. 뱀탕, 잉어 즙, 각종 추출물, 지네 가루 등 온갖 희귀한 것들도 사 오셔서 나을 수 있다니 참고 먹었다.

이렇게 지푸라기 같은 희망의 끈을 잡고 있을 때, 나에게 또다시 엄청난 충격을 주는 일이 찾아왔다. 아마 재활의학과 담당 의사는 내가 앞으로 퇴원해서 생활하는 데 도움을 주려고 한 것 같다. 나처럼 척수를 '10년 전에' 다친 한 언니와의 만남을 마련해주었다. 그런데 그 언니를 처음 보자마자 절망감이 밀려왔다. 다친 지 10년이나 되었다는데, 상태가 나와 완전히 똑같은 거다! 10년이 지나도 아무런 회복도 안 되고 딱 지금의 이 상태로 살아야 한다니, 아니 어쩌면 평생을 그래야 한다는 현실을 깨닫게 된 것이다.

그때 그 언니에게는 사실 미안하다. 나를 도와주려는 호의를 가지고 온 언니에게 나는 도저히 마주한 현실을 받아들일 수 없어서 정말 냉정하고 차갑게 대했다. 언니를 만나고 난 뒤 오히려 나는 더 오래 우울하고 힘들었던 것 같다.

이렇게 즐겁게 지내다가도 우울하길 반복했던 병원 생활이었다. 사람이 가장 힘들 때는 '나만 왜 이렇게 힘들지, 내가 이 세상에서 제일 힘든 사람이야.'라고 생각할 때인 것 같다. 그것만큼 힘든 일이 없었다.

그렇지만 시간이 지나면서 같은 병실에 있는 언니, 물리치료실을 가면 만나는 오빠, 아줌마, 아저씨들의 이야기를 듣기 시작했다. 각자의 이야기를 듣다 보니 하나같이 사연 없는 사람이 없었다. 사람들의 사연을 듣게 되면서 나는 조금씩 나만 힘들다는 생각에서 벗어날 수 있었다. 누구나 다 각자의 고통을 가지고 산다는 사실만 깨달아도 다시 힘을 낼 수 있었다. 나 역시 나 혼자만 힘든 게 아니라는 걸 알게 되면서 조금씩 회복하기 시작했다.

사람은 누구나 힘든 고난을 겪고 살아간다. 그렇지만 흔들리는 꽃처럼 모진 비바람에도 꿋꿋하게 이겨내면 열매를 맺을 수 있는 게 아닐까. 나만 힘든 고난을 겪는 게 아니니, 너무 힘들어하지 말자. 거센 태풍에 흔들려도 꺾이지 않고 살아남으면 열매는 맺힌다.

랜터 윌슨 스미스의 말을 기억하자!

"슬픔이 그대의 삶으로 밀려와 마음을 흔들고 소중한 것을 쓸어가 버릴 때면 그대 가슴에 대고 말하라. '이것 또한 지나가리라!'"

이번 생은 망한 인생

건강한 여고생이었던 내가 어느 날 갑자기 하반신 마비의 장애인이 되었다. 아무것도 할 수 없을 것 같았다. 몸의 2/3를 움직일 수 없는데 내가 무얼 할 수 있을까? 왜 내가 이 꼴이 되었을까? 왜 나에게만 이런 일이 생긴 걸까? 아무리 원망하고 화를 내 봐도 답이 없었다. 내 인생이 깜깜한 암흑으로 가득 차버렸다. 이번 생은 망한 인생이라고 생각했다.

모든 걸 잃었다고 생각했다. 학교도 다시 갈 수 없었다. 좋아하던 운동도, 등산도 전혀 할 수 없게 되어버렸다. 뛰기는커녕 일어설 수조차 없다. 이전에 본 적도 없던 휠체어를 죽을 때까지 평생 타야 한단다. 내가 왜 그래야 하는지 용납이 안 되었다. 휠체어를 타고 도대체 내가 할 수 있는 일은 없을 것 같아 좌절하고 절망했다.

게다가 가슴 아래로 마비가 되다 보니 무엇보다 제일 심각한 건 대소변 감각이 없어진 것이다.(좀 적나라하고 깨끗한 얘기는 아니지만, 척수 장애인에게는 정말 중요하고 심각한 일이라 양해를 부탁드리며 감안하고 읽어주시길 바란다.) 어떻게 나에게 이런 일이 생긴 건지 믿을 수가 없었다. 감각이 없다 보니 스스로 대소변을 볼 수 없다는 사실이 실제로 제일 힘들었다.

인위적인 배변을 하게 되면서 방광의 크기는 점점 줄어들었다. 물을 한 번에 300mL쯤만 마셔도 바로 실금이 생길 때가 많다. 장도 마찬가지로 주기적으로 약을 써서 배변하게 되었다. 감각이 없어서 다 눴는지 어떤지 모르니, 변을 보려면 한 시간 이상이 걸린다.

아기도 두 돌 무렵이면 배변 훈련을 하고 기저귀를 떼는데, 나는 계속 기저귀나 패드를 사용해야 하는 사실을 받아들이기 힘들었다. 게다가 마비되어 어쩔 수 없는 일이지만, 특히나 다 큰 처녀가 대소변 실수할 때는 정말 죽고만 싶었다. 뭘 잘못 먹었는지도 모르고 갑자기 실변까지 한 날은 몇 날 며칠 울기만 했다. 이런 식으로 내가 계속 살아야 하는 건지, 더 이상 살고 싶지 않았다. 벼랑이 있다면 딱 뛰어내리고 싶었다.

가슴 밑으로 감각이 없어서 욕창도 한번 생기면 정말 낫지를 않는다.

시련은 축복이었습니다

매일 같은 자세로 앉아 있으니 엉덩이 꼬리뼈 욕창을 얻게 되었다. 25년째 낫지를 않는다. 욕창 때문에 바로 누워 잘 수도 없다. 양옆으로 번갈아 가며 자다 보니 양쪽 어깨도 고장이 났다.

척추 수술한 부위의 통증을 매일 느낀다. 목, 등, 어깨의 통증을 하루 종일 느끼며 살아야 한다. 폐에 차 있는 피를 빼내느라 구멍을 냈던 옆구리는 아직도 송곳으로 파내는 듯 아프다. 내가 이렇게 힘들고 아파하며 살 필요가 있을까?

"이번 나의 인생은 정말 망했다!"

다친 지 벌써 29년이 지났다. 다친 지 얼마 되지 않았을 때는 내 인생이 망했다는 생각에 사로잡혀 너무 힘이 들었다. 긍정적으로 생각하려고 해도 잘 되지 않았다. 조금 좌절과 절망을 극복했다 싶다가도 대소변 실수에, 통증에, 휠체어를 타고 만나는 좌절의 상황마다 또다시 넘어졌다. 어느 순간에는 바닥밖에 안 보여서 다시 일어날 힘조차 안 날 때가 많았다.

특히 대소변 실수가 생기면, 제일 큰 좌절이 왔다. 그런 내 모습이 너무 싫었고, 너무나 부끄러웠다. 그러니 다른 사람 앞에서 당당하게 나서기가 너무 힘이 들었다. 떳떳하지 못할 이유가 없었지만, 나 스스로가 자신이 없었다. 게다가 숨기려고만 하니까 모든 게 부끄러워 숨기는 데 급

급했다. 하지만 숨기려 애를 쓰면 쓸수록 결국 힘들고 스트레스를 받는 건 나 자신이었다.

처음 ○○대학교에서 일을 시작하고 엉덩이 욕창이나 대소변 실수를 아무에게도 말하지 못했다. 타인이 절대 이해하지 못할 것이라 지레 겁을 먹었다. 나의 그런 치부를 직장 동료에게 보이기 부끄러웠다. 오히려 내가 더 그런 부분을 보이지 않게 행동해야 한다고 생각을 했다. 나의 의지대로는 안 되는 몸의 상황이 생겼을 때, 화장실 뒤처리 때문에 자리를 비우는 시간도 눈치가 너무 보였다. 괜히 나한테 냄새가 나는 건 아닐까 노심초사하며 엄청난 스트레스를 받았다. 사무실에 같이 있지만, 외딴 섬에 나 홀로 있는 듯, 매일 혼자 끙끙 앓고만 있었다.

너무 힘들어서 도저히 이대로는 안 되겠다는 생각이 들었다. 몇 날 며칠을 고민만 하다가 그냥 속 시원하게 다 얘기해버리기로 굳게 마음을 먹었다. 직속 팀장님께 상담을 요청했다. 부끄러운 나의 이야기를 어떻게 받아들일지 두려워서 말하기가 쉽지 않았다. 그러나 내가 걱정했던 바와 다르게 팀장님은 진심으로 나의 상황을 공감해주셨다. 욕창과 자세 변환을 할 수 있도록 침대가 있는 여직원 휴게실을 마련해주시고, 화장실을 가서 비우는 시간에 대해서도 다른 직원들에게 대신 양해를 구해주셨다. 그 뒤로는 나의 마음도 너무 편해졌고, 크게 눈치를 보지 않아도 되었고, 스트레스를 받는 상황도 거의 없게 되었다.

시련은 축복이었습니다

이런 일을 경험하고 나니, 나는 조금 자신감이 생겼다. 나의 약점, 치부 등 부끄러운 면이라도 솔직하게 얘기하는 것이 훨씬 낫다고 느꼈다. 받아들이는 상대방의 태도는 조금 다를지 몰라도 대부분 긍정적으로 공감해주는 사람이 많았다. 그렇지 않은 다른 사람도 나한테 크게 관심이 없다는 걸 알았다.

도덕적으로, 사회적으로 용납될 수 없는 일을 하지 않는 한, 이제는 내가 부끄러워하거나 숨길 일은 거의 없다고 생각한다. 나 자신에게, 타인에게 솔직해지고 당당해지자, 나는 마음이 더 평화로워졌고 정말 편안한 심리 상태를 가지게 되었다. 부끄러워 숨기는 것보다, 부끄러워도 솔직하게 말하는 것이 더 멋진 태도이며, 나의 정신 건강에 훨씬 더 좋다는 것을 알게 되었다.

다치기 전, 내가 할 수 있는 일은 만 가지였다. 그런데 다치고 나서 그 만 가지를 모두 할 수 없다고 생각하니 내 인생이 너무 우울해질 수밖에 없다. 하지만, '시간이 약이다.'라는 진리처럼 세월이 흐르면서 조금씩 회복되는 것 같았다. 그리고 수없이 넘어져도 죽을 수는 없는 게 삶이었다.

그러면서 위로를 주고 용기를 주는 책도 읽고, 주변에서 해주는 말들도 듣기 시작했다. 나보다 더 힘든 상황에 있는 사람들의 이야기를 접하며 '나도 할 수 있다.'라는 생각이 조금씩 들었다.

하지만 그래도 휠체어를 타고 하지 못하는 게 천 가지는 된다. 그 천 가지 못하는 일에 우울해하고 자책하고 있으면 내 인생이 정말 망한 인생이 된다고 깨달았다. 그렇다! 내가 할 수 있는 구천 가지의 일에 집중해야 행복하게 살 수 있다는 것을 드디어 깨닫게 된 것이다. 살아 있음에 감사하며 내가 할 수 있는 것에만 집중했다. 그리고는 다시 일어나서 해 보자고 마음을 먹으니 점점 할 수 있는 게 생기기 시작했다. 그러면서 나는 정말 조금씩 긍정적이고 밝아졌다.

조금씩 나아지면서 제일 힘들었던 대소변 실수에 대해서 긍정적으로 생각하려고 정말 마음을 다잡고 노력을 했다. 내가 가슴 밑으로 마비이니 어쩔 수 없다고 생각했다. '다친 것이 내 잘못이 아니듯, 대소변 실수를 하는 것도 내 잘못이 아니다.', '그걸 받아들이자! 내가 어떻게 할 수 있는 부분이 아니니까, 그걸로 스트레스를 받지 말자!' 수없이 스스로를 다독이며 되뇌었다.

그렇게 되뇌고 좋은 생각만 하기로 마음을 먹으니 정말 마음이 편해졌다. 긍정적이고 좋은 생각을 하니 나에게 좋은 일도 많이 생기는 것 같았다. 인과응보의 법칙, 끌어당김의 법칙은 정말 진리이다. 당연히 지금도 실수를 하게 되지만, 예전처럼 한 번 실수하고 우울해서 주눅 들고 스스로를 원망하지는 않는다. 뒤처리가 좀 짜증나긴 해도 지금은 그냥 훌훌 털어버린다.

힘든 시간을 견디며 세월이 지나니 나에게도 봄날은 왔다.

20대의 방황을 뒤로하고, 서른이 넘어 만난 남편은 내게 선물 같은 사람이다. 정말 나를 위해주고 가정적이고 따뜻한 남편을 만나 좋은 일이 가득 생겼다. 눈에 넣어도 안 아픈 연년생 딸들도 생겼다.

내가 좌절만 하며 인생을 포기한 채 살았다면, 이런 봄날이 왔을까? 망한 인생이라고 될 대로 되라며 살았다면, 이런 행복을 가질 수 있었을까?

"이번 나의 인생은 절대 망한 게 아니었다!"

04

/

괜찮아지고 싶어도 괜찮아지지 않던 날

조그만 사고라도 몸을 다치면, 누구나 다친 부위나 그로 인한 후유증을 겪게 된다. 나 역시 29년이라는 오랜 세월 동안 휠체어 생활을 하다 보니, 계속적인 여러 가지 후유증에 시달리고 있다. 흉추 3, 4, 5번 골절과 척수(척추신경)의 완전 손상으로 겨드랑이 아래부터는 아예 힘이 없고 감각도 없다.

그렇다 보니 복부 초음파 검사를 했을 때, 의사의 말로는 내부 장기도 모두 다 아래로 처져 있다고 한다. 그리고 눈으로 보이는 배는 5~6개월 정도의 임산부처럼 언제나 나와 있고 운동을 해도 절대 들어가지를 않는다. 나와 같은 척수장애인들은 대부분 사고 전과 다른 자신의 배에 무지 스트레스를 받고 산다. 나도 다치고 초반에는 10대 후반, 20대를 지날 때여서 불룩 나온 배가 너무 싫고 스트레스를 많이 받았다. 배는 불룩 나왔는데, 다리는 전혀 움직이지 못하니 뼈와 가죽만 남아 앙상한 모습이다. 내 몸이 너무 싫어지기도 했다.

또 가슴 아래로 힘이 없다 보니 내가 힘을 줄 수 있는 목, 어깨, 목부터 다친 부위까지 등 위쪽은 언제나 긴장해 있고, 매일 심한 통증에 시달린다. 수술한 부위의 통증도 엄청 심할 때가 많다. 사고 때 폐가 터져서 양쪽 겨드랑이에 구멍을 뚫어서 호스를 삽입해 피를 빼낸 자리는 아직도 수시로 송곳으로 파는 듯한 통증을 느낀다. 감각이 없는 아래쪽으로는 언제나 전기가 흐르듯 찌릿찌릿 기분 나쁘게 저리고 아프다.

다 그런 건 아니겠지만, 나는 감각의 경계선 부위가 너무 가렵다. 피부 표면이 가려우면 긁으면 그만이지만, 감각이 있고 없는 경계선 부위의 피부 속 안이 가렵다. 어떨 때는 정말 가려워 미칠 정도이다. 긁어도 시원하지도 않고 온몸을 비틀고 두드리기도 하고 비비기도 하고 별짓을 다 한다. 그렇다 보니 집에서 입는 티셔츠는 등 쪽의 겨드랑이 부근에 거의 구멍이 나 있다.

1장_시련을 만나고 내 인생은 뒤바뀌었다

성격이 좀 예민한 부분도 있지만, 잠을 자기가 너무 힘들어서 꼴딱 밤을 샌 적도 많았다. 침대에 누워도 편하지 않고 가렵고, 온갖 통증이 몰려오니 잠들기가 너무 힘들다. 결혼하고 출산을 하고 산후우울증에 시달리면서 도저히 힘들어서 첫째를 출산한 O병원 신경정신과를 무작정 찾아갔다.

그곳의 신경정신과 의사는 내 얘기를 몇 마디 듣지도 않고 우울증 약과 수면제를 처방해줬다. 우울증 약은 별로 효과도 없어서 한 3주 정도 먹다가 끊어버렸다. 그런데 처방해준 수면제는 스틸녹스라는 건데, 효과가 놀라울 정도였다! 먹기 시작하고 한동안은 10분 만에 잠들어버렸다. 차츰 지나서는 그래도 2~30분 안에 잠이 금방 들었다. 6시간 정도는 정말 푹 자고 일어날 수 있어서 거의 1년을 먹었다.

그런데 어느 날 우연히 네이버 신문 기사에서 '악마의 수면제'라는 글을 보았다. 바로 악마의 수면제가 내가 먹는 스틸녹스, 졸피뎀의 또 다른 이름이었다. 그 기사를 보고 나는 소름이 돋을 정도로 너무 놀라서 그 약을 바로 끊어버렸다. 그리고 그때의 신경정신과 의사에게 화가 너무 났고, 원망스러웠다. 그 뒤로는 수면제를 먹지 않으니 또 잠 부족과 통증에 힘든 나날을 보냈다.

2014년 즈음 어릴 때 친했던 친구와 우연히 연락이 닿아서 너무 반가웠다. 그런데 얘기하다 보니 이 친구가 신경정신과 의사가 되어 있었다.

시련은 축복이었습니다

나는 이 친구에게 수면제에 대해 앞의 얘기도 하면서 상담을 했다. 친구는 정신과에서 제일 약한 수면제이고 내성도 거의 없다고 알려진 트라조돈이라는 약을 권해주었다. 그래서 아직까지 트라조돈을 먹고 그나마 잠을 자고 있다. 사람마다 차이는 있겠지만, 트라조돈은 잠들기까지는 한두 시간쯤은 걸렸다. 그래서 보통 저녁을 먹고 자기 전, 두 시간 전에 먹는다.

늘 심한 통증에 시달리기 때문에 잠이라도 못 자면, 정말 다음 날이 더 고통스럽다. 일을 안 하는 날에는 잠을 좀 못 자도 힘든 게 덜 하다. 하지만, 일할 때는 적어도 16~17시간을 꼼작도 못 하고 앉아만 있으니 온갖 통증이 온다. 발목과 발은 항상 붓기가 엄청나서 코끼리 발이 되어 있다. 거기에 만약 전날 잠을 못 잤다면, 하루 종일 미칠 것 같은 고통에 죽고 싶을 정도다. 그래서 웬만하면 트라조돈을 먹고 5~6시간은 푹 잔다.

또한 요즘은 팔과 손목, 손가락의 통증도 더해지고 있다. 많이 쓸 수밖에 없는 팔과 손목, 손가락은 관절 마디마디가 아프기 시작했다. 특히 3년 전, 작은 턱에 걸려 휠체어 앞으로 떨어지면서 오른손을 짚어서 다쳤었다. 그 후로는 손가락 통증이 계속 심하다.

이렇게 통증에 시달리는 삶은 정말 괜찮아지고 싶어도 괜찮아지지 않는 날들의 연속이다. 어쩔 수 없이 몸이 아프니까 나도 모르게 인상이 찌푸려진다. 어느새 내 얼굴의 미간 사이에는 꽤 보기 싫은 세로 주름이 생겨 있었다.

사람이 늙어가면서 하나둘 늘어나는 주름, 특히 얼굴에서의 주름은 가로 주름과 세로 주름이 있다고 한다. 가로 주름은 주로 좋은 모습으로 환하게 웃을 때 생기는 주름이다. 반면 세로 주름은 대체로 기분이 나빠서 인상을 쓸 때 생기는 주름이라고 한다.

그러니 나이가 들어서도 자연스러운 가로 주름은 아름답게 보일 수가 있다. 그렇지만 화내고 인상을 쓸 때 생기는 세로 주름은 보기도 싫고, 그 사람의 성격과 태도가 좋지 않게 보일 수 있다. 나이가 들어감에 따라 사람의 얼굴은 그 사람의 인성까지도 말해주는 것 같다. 그래서 얼굴의 인상으로 풍기는 이미지는 그 사람이 책임져야 할 부분이라 생각한다.

통증 때문에 이미 생겨버린 미간의 세로 주름은 어쩔 수 없고, 앞으로 더 생길지도 모르겠다. 하지만 나는 미간의 세로 주름을 더 깊이 만들고 싶지는 않다. 주름 크림도 열심히 발라 보지만, 더 중요한 건, 사람의 마음가짐이라고 생각한다.

특히 통증으로 아파서 인상이 찌푸려질 때, '아~ 나만 왜 이렇게 아프지. 아직 젊은데 이렇게 아프면, 더 나이 들어서 얼마나 고통스러울까. 내 인생은 왜 이럴까.' 등등의 부정적인 생각을 계속하게 되면 악순환에 빠지게 된다. 어차피 통증이 없어질 것도 아닌데 오히려 더 아프게 느껴질 뿐이다. 게다가 미간의 세로 주름은 더 깊어질 게 분명하다. 결국 우

시련은 축복이었습니다

울증까지 올 것이고, 나의 정신 건강까지 해치는 길이 되는 것이다.

이렇게 통증으로 시달릴 때는 '아~ 안 아프고 살 수 있으면 좋겠다!' 정도의 생각까지만 해야 한다. 어쩔 수 없이 아파서 부정적인 생각이 들더라도 딱! 아픈 사실까지만 인지하고 다른 부정적인 생각은 끊어내야 한다. 내 머릿속에 마음속에 안 좋은 건 담지 말자. 절대 부정적인 악순환의 고리에 빠져서는 안 된다.

부정적인 생각을 끊어내고 난 다음에는 내가 너무 재밌고 신나서 할 수 있는 뭔가를 찾아서 했다. 진정으로 몰두하고 그 일을 즐기며 할 때는 신기하게도 고통을 느끼지 않았다. 그 일은 사람마다 모두 다르므로 자신만의 즐거운 일을 꼭 찾아야 한다.

나의 경우는 내가 사랑하고 좋아하는 사람과 재밌게 대화와 소통을 할 때, 제일 좋아하는 여행을 할 때이다. 또, 휠체어 배드민턴 운동을 할 때, 새로운 도전을 할 때도 그렇다. 사랑하는 남편과 딸들과 시간을 함께 보내는 것도 너무 행복한 일이다. 특히 요즘은 글을 쓰는 것도 너무 즐거운 일이 되었다.

괜찮아지고 싶어도 괜찮아지지 않는 날들이 누구에게나 온다. 누구나 안물안궁(안 물어보고 안 궁금한) 자신만의 힘든 사정이 있다. 그러나 내가, 나만 제일 힘들다고 생각하면 우울해지고 그것만큼 더 힘든 일이 없다. 몸은 좀 아프더라도, 마음까지 아픈 사람이 될 수는 없지 않은가! 몸이 아프지만, 마음만은 건강한 사람이 되어야 한다.

다시 말하지만, 아프고 힘들고 부정적인 것일수록 객관적인 사실 그대로만 받아들이자. 그리고는 내 마음에서 딱! 끊어내고 몰아내야 한다. 그런 다음 자신의 즐겁고 행복한 일을 찾아보자. 신나고 즐겁게 할 수 있는 일은 세상에 너무나 많다. 누구나 꼭 그런 행복한 일을 찾아서 긍정적인 순환고리를 만들 수 있으면 좋겠다. 그런 재밌고 즐겁게 할 수 있는 일에 몰두하다 보면, 언젠가는 더 행복해져 있는 내 삶을 발견하게 될 것이다!

시련은 축복이었습니다

/

휠체어를 타고 살아도 괜찮아

"휠체어를 타고 어떻게 살아?"

처음에 장애를 입게 되면, 한순간에 바뀐 자신의 처지를 받아들이기가 쉽지 않다. 나 역시 멀쩡하게 걸어 다니다가 어느 날 갑자기 휠체어를 타는 신세가 된 나 자신을 받아들일 수가 없었다. 휠체어를 타고 도대체 어떻게 살아가야 할지 막막하기만 했다. 아니 휠체어를 타고는 살 수 없을 것 같았다. 휠체어 탄 장애인이 되어 불행한 나의 모습이 자꾸만 그려졌다. 죽고 싶을 때도 많았다.

하지만 아무리 휠체어를 탄다 해도, 어떤 몸 상태가 되었다고 해도, 산 사람이 죽을 수는 없는 것이 아닌가. 살아 있으니 그냥 살아지는 게 또 인생이었다. 휠체어를 타고 살면, 매 순간이 불행할 것 같았지만, 기쁘고 행복한 일도 많았다. 장애인이든 비장애인이든 희로애락(喜怒哀樂)은 똑같이 겪는 게 인간의 삶이었다.

"휠체어를 타고도 살아야지!"

죽지 않고 살아 있으니 어떻게든 살아야 했다. 휠체어를 타고 살 수 없다고 생각했지만, 막상 살아보니 휠체어를 타고도 살 수 있었다. 무엇이든 하는 데 시간이 많이 걸리고, 남들보다 힘이 더 드는 건 사실이다. 그렇다고 못 할 건 없는 것도 사실이다. 모든 건 마음먹기에 달린 것이었다.

그렇게 마음을 먹고, 주변을 둘러보니 장애가 있든 없든, 행복하게 사는 사람들을 보니 대부분 밝고 긍정적이고 무엇이든 하려는 사람들이었다. 단정 짓기는 어렵지만, 내가 생각하기에 밝고 긍정적이고 무엇이든 열심히 하려는 사람에게 여러 가지 기회가 더 주어지는 것 같았다. 그러면 나도 그렇게 살아야겠다고 생각했다.

나와 같은 척수장애인이 두 명 있다고 가정해보자. 이들 중 한 명은 밝고 긍정적이고 자기가 할 수 있는 일을 열심히 하는 사람이다. 또 한 명은 부정적이고 회의적이며 할 수 있는 일도 못 한다고 망설이기만 하는 사람이다.

앞의 사람은 늘 밝고 긍정적이기 때문에 다른 사람들에게도 밝은 에너지를 전파한다. 그리고 밝은 면에 가려져서 장애가 크게 부각되어 보이지 않는다. 장애가 있더라도 자기가 할 수 있는 일을 열심히 하기 때문에 더 빛나 보인다.

반면 부정적이고 회의적인 사람은 장애로 인해 동정심을 살 수는 있지만, 자기가 할 수 있는 일도 못 한다며 타인에게 의지하려고 하거나 좌절하기 때문에 우울한 장애인으로 보이게 될 수밖에 없다.

내가 모든 순간을 그렇게 살았다고 말할 수 없지만, 밝고 긍정적으로 살려고 정말 노력했다. 김해 장유로 독립을 해서 요리, 빨래, 청소 뭐든 내가 해보려고 노력했다. 시간이 오래 걸릴 뿐 다 할 수 있었다. 나의 단점은 끈기가 없어서 오래 일하지는 못했지만, 대신에 겁이 없고 무작정 부딪쳐보는 성격이라 이 일 저 일 많이 해봤던 것 같다. 어떤 일이든 기회가 주어지면 열심히 했다.

아는 분의 소개로 만난 지금의 남편과 연애를 시작하고 얼마 지나지 않아 남편이 했던 말이 있었다. "휠체어를 타고 있어도 뭐든 다 하는 너한테 배울 게 참 많고, 뭐든 하려고 열심히 하는 모습이 기특하고 자랑스

1장_시련을 만나고 내 인생은 뒤바뀌었다

럽다!" 그리고 그 뒤, 시어머니와 아가씨를 처음 만났을 때도 남편은 나에 대해 이렇게 말을 하며 결혼을 하겠다고 했다. 남편의 그런 말 덕분인지 시댁 식구들은 큰 반대를 하지 않았고, 나는 비교적 순조롭게 남편과 결혼을 할 수 있었다.

결혼이 아닌 다른 기회도 마찬가지인 것 같다. 나는 독립을 해서 나 혼자의 생활비는 어떻게든 벌어야 했고, 여행도 가고 싶으니 돈을 모아야 했다. 그래서 나는 누군가 '일해볼래?'라고 묻는 것은 거의 모두 거절하지 않고 다 했다. 그렇게 제안하는 일자리 외에도 지역 신문과 인터넷 구인 광고를 열심히 찾아보고 꽤 많은 일을 했었다.

대학 졸업 후 전자 회사 인턴부터 광고 회사, 컴퓨터 회사 등을 거쳐 리더십 교육 회사에서 4~5년간 근무했다. 그리고 OO생명 콜센터 아웃바운딩 상담도 했었고, OO 장애인 체육회에서 사무 보조 일도 꽤 했었다. OO 도청의 지원을 받는 장애인 전자 회사에서도 근무했었다.

그 외에도 학원 영어 강사도 제법 오랜 시간 일을 했었다. 유치부부터 중학생까지 휠체어를 타고 판서를 해가며 가르치는 게 처음에 나도 할 수 있을지 걱정했다. 아이들의 시선도 처음에는 불편했다. 그러나 나는 장애인에 대한 인식을 조금이라도 바꾸고, 아이들에게 좋은 선생님이 되기 위해 노력했었다. 무엇보다 학원 원장님이 열려 있었기 때문에 가능한 일이었긴 했다.

시련은 축복이었습니다

홈페이지 제작 프리랜서는 꾸준히 했었고, 장애인 정보화 강사 활동도 6년 정도 했었다. 온갖 지원할 수 있는 곳은 다 지원해봤기 때문에 내가 가지고 있는 이력서만 50개의 파일이 넘는다. 50군데 모두 일할 기회가 온 건 아니었지만, 적어도 반 이상은 기회가 왔었다.

이렇게 일을 하는 것도 해보려 하지 않는 사람보다 긍정적으로 무엇이든 해보는 사람에게는 기회가 더 많이 주어지고, 가는 것은 분명하다. 반면 부정적이고 회의적인 사람에게는 기회가 왔다가도 스쳐지나가 버리거나, 기회조차도 오지 않게 되는 경우를 많이 봤다.

"휠체어를 타고 살아도 괜찮아~."

처음 마음먹기가 쉽지는 않았다. 그러나 아무리 궂은 날씨에도 행복할 수 있고, 아무리 화창한 날이어도 우울할 수 있는 건 내 마음이었다. 휠체어를 타고 살아도 괜찮다고 스스로를 북돋우며 다짐했다.

불편한 휠체어를 타고도 편안한 마음으로 살기로 했다. 불행해 보이는 장애인이지만, 행복한 장애인으로 살자고 결심했다. 대소변 실수나 하고 사고의 후유증으로 신체적인 통증에 시달리지만, 적어도 정신만은 건강한 사람이 되겠다고 생각했다.

'정말 휠체어를 타고 살아도 괜찮아.'라고 마음을 먹었다. 높고 높은 계단 앞에서 때론 좌절하고 포기할 때도 있지만, 푸른 하늘의 내 희망과 꿈 앞에서는 좌절하고 포기하지 않기로 했다. 장애에도 불구하고 더 빛나는 사람이 되기로 마음을 먹었다. 그리고는 밝고 긍정적으로 무엇이든 하려는 사람이 되기로 했다! 그러면 분명히 나에게 더 멋지고 행복한 일들이 계속 펼쳐질 것이라 믿어 의심치 않는다.

"휠체어를 타고도 더 멋지게 살아보자!"

06

/

<u>인생에서 중요한 것은 살아 있는 것이다</u>

"흘러내리는 침을 삼킬 수만 있다면 세상에서 가장 행복한 사람입니다."

프랑스의 세계적인 여성 잡지 엘르(Elle)의 편집장이었던 43세의 장 도미니크 보비가 1995년 뇌졸중으로 쓰러진 뒤, 한쪽 눈의 깜박임만으로 쓴 『잠수종과 나비』책의 서문 중 한 문장이다.

그는 뇌졸중으로 쓰러져 전신마비가 되었고, 유일하게 왼쪽 눈꺼풀만 움직일 수 있을 뿐, 아무것도 할 수 없게 되었다. 침을 삼키는 것조차도 할 수 없게 되어버린 상황이었지만, 그는 포기하지 않았다. 오히려 자신이 할 수 있는 유일한 방법으로 행복을 찾았다. 왼쪽 눈꺼풀을 깜박여 책을 쓰기 시작한 것이다. 15개월 동안 20만 번 이상의 깜박임으로 완성했다고 한다. 도대체 상상이나 가는가.

1994년 커다란 간판이 떨어지는 사고로 하반신 마비가 된 나 역시 죽음과 삶의 경계에서 그래도 살 수 있었다. 만약 8m, 180kg 크기의 거대한 간판을 그대로 맞았다면, 나는 바로 죽을 수밖에 없었다. 간판이 땅에 먼저 떨어진 후, 나를 덮쳤기 때문에 살 수 있었다. 비록 휠체어를 타고 살아야 하는 이전과는 완전히 다른 삶이지만, 운명의 신은 나를 살려주었다.

하지만 그때 당시 날 그날 죽게 내버려두지, 신은 왜 나를 이렇게 고통 속에 살게 만드는지 원망도 했었다. 계속된 좌절의 상황에 지쳐 나는 그냥 인생을 포기하고 싶을 때가 많았다. 하반신을 못 쓰게 된 나의 상황이 너무 싫었고, 휠체어를 타고 어떻게 평생 살아야 할지 막막하기만 했다. 그런 생각에 사로잡혀 있으니 내가 살아봤자 행복하기나 할까, 심지어 내가 살아 있는 게 의미가 있나 하는 생각도 한 적이 있다.

그렇게 불행의 나락으로 떨어져가고 있을 때, 지인이 권해준 『잠수종과 나비』를 읽게 되었다. 책을 읽으며 장 도미니크 보비의 상황에 감정이

입이 되면서 눈물이 하염없이 흘렀다. 그리고 나 자신이 너무 부끄러웠다. 장 도미니크 보비보다 신체 상황이 더 나은데 못 하고 있다는 비교에서 나오는 부끄러움이 아니었다. 들숨과 날숨을 쉬고, 침을 삼키는 한 살아 있는 건데, 죽고 싶다고 죽는 게 낫다고 생각한 내가 얼마나 어리석었는지 그게 부끄러웠다. 유일하게 움직이는 그의 왼쪽 눈꺼풀만으로도 행복을 찾을 수 있는데, 그런 작지만 소중한 행복을 아예 찾지도 못하고 있는 내가 너무 바보 같았다.

운명의 신이 내가 간판을 그대로 맞게 하지 않고, 땅에 먼저 떨어지게 해서 나를 살게 한 데는 분명히 이유가 있을 것이다. 신이 나를 죽이지 않고 살게 해서 새로운 삶을 선물로 준 것은 내가 살아야 할 가치와 이유가 명백히 있는 것이다. 장 도미니크 보비가 왼쪽 눈꺼풀을 20만 번 이상 움직여서 사람들에게 희망을 전했듯, 나도 내가 할 수 있는 노력과 행복으로 내 삶도 틀림없이 어떤 의미가 있는 거였다.

나는 운전을 하고 다니며 죽을 뻔한 적이 몇 번 있었다. 그중 정말 아찔했던 순간이 있었다. 스무 살부터 운전을 시작해 참 많이도 다녔다. 몇 시간 운전을 해도 별로 힘들지 않아서 전국 곳곳을 누비며 쏘다녔다. 아마도 1998년의 어느 날이었다. 그날도 고속도로를 타고 대전에 친구를 만나러 신나게 가고 있었다. 고속도로 운전은 어느 순간 무료해지면서 긴장이 좀 풀리는 때가 있다. 졸음운전은 아니었지만, 나른하고 멍하게

67

가고 있었다.

1차선 추월차선으로 가다가 좀 천천히 가려고 2차선으로 차선을 바꿨다. 내 차 앞에는 5톤 정도 되는 큰 트럭이 가는 게 보였다. 속도를 줄이며 얼마쯤 따라갔을 때였다. 그런데 갑자기 그 트럭에서 쇠로 된 얇은 철판 한 장이 순식간에 내 앞으로 날아오는 게 아닌가!

하아~ 너무 놀란 나머지 핸들을 오른쪽으로 휙 꺾었다. 그 순간 그 철판은 운전석 백미러를 치고 뒤로 날아갔다. 단 1~2초 만에 일어난 일이었다. 운전석 백미러는 싹둑 잘려서 저 뒤로 내동댕이쳐졌고, 그 철판도 저 멀리 바닥에 떨어지는 게 보였다. 뒤에 오는 차가 없었기에 천만다행이었다.

정말 식은땀이 등줄기에 줄줄 흘렀다. 비상 깜박이를 켜고 갓길에 일단 차를 세웠다. 철판이 날아간 지도 모르는 트럭은 이미 가버렸다. 블랙박스 같은 첨단 기계는 아예 없던 시절이었다. 차를 세워서 정신을 차리려고 했지만, 너무 덜덜 떨리고 진정이 되지 않았다. 그 철판이 앞 유리를 관통했다면? 나는 싹둑 잘려진 백미러처럼 바로 즉사하고도 남을 일이었다. 상상하니 너무 아찔하고 끔찍하기까지 했다.

보이지 않는 하늘의 힘이 나에게 핸들을 꺾을 수 있도록 도와준 것 같았다. 그 찰나의 순간에 핸들을 꺾지 않았다면, 나는 이미 이 세상 사람

시련은 축복이었습니다

이 아니었다. 이런 생각이 들자 나는 믿는 신이 특별히 없지만, 나를 살 수 있도록 지켜준 신께 드리는 감사의 기도가 절로 나오며 눈물이 흘렀다. 또 한 번 운명의 신은 나를 살려주셨다.

얼마 전, 일요일 오전에 친정 아빠에게 전화가 왔다. 전화를 받으니 아빠 목소리가 별로 좋지 않아서 무슨 일이 있나 싶었다. 아니나 다를까. 좋지 않은 소식이었다.

막내 고모가 갑작스레 돌아가셨다는 것이다. 나는 너무 놀랐다. 막내 고모는 아직 젊고, 무척 건강한 사람이었기 때문이다. 아빠에게 고모의 사인(死因)을 듣고는 더 놀랐다. 불과 4~5일 전, 코로나19 백신을 4차 접종하고 나서부터 몸이 아팠다고 했다. 그리고는 아빠가 전화한 일요일 새벽에 갑자기 급속도로 상태가 나빠지면서 결국 유명을 달리했다고 하셨다.

아~ 이게 도대체 무슨 황당한 일일까. 아주 가까운 곳에서 일을 직접 겪지 않으면 모르는 게 사람인가 보다. 코로나 백신 접종 후 사망했다는 이야기를 그동안 TV나 기사로 너무 안타깝게 봤지만, 가까운 사람 중에는 듣지 못했었다. 그런데 가족이 직접 겪으니 너무 황망하기 그지없었다. 본인조차도 너무도 갑작스러운 죽음으로, 삶을 마감할 아무런 준비도 못 했을 고모를 생각하니 마음이 아팠다. 고단한 삶을 살았던 고모가

1장_시련을 만나고 내 인생은 뒤바뀌었다

이제는 편안한 곳으로 가셨길 간절히 빌었다.

　사람의 죽음은 그 누구도 예견할 수 없다. 그렇기에 내일은 혹시 내가 이 세상에 없을지도 모른다고 생각을 하면, 살아 있는 것만으로도 감사할 수 있게 된다. 대부분의 사람이 살면서 한두 번은 죽을 뻔한 경험을 겪게 된다. 그런 경험을 하게 되면 다시 살게 된 삶이 덤이고, 얼마나 큰 선물인지 깨닫게 된다. 어쩌면 죽음에 대한 깊이 있는 통찰을 통해 삶을 행복하게 살 수 있는 묘약을 얻게 되는지도 모른다.

　우리나라 속담에 "개똥밭에 굴러도 이승이 저승보다 낫다."라는 말이 있다. 아무리 죽을 만큼 힘들어도 죽는 것보다는 살아 숨을 쉬고 있는 지금이 훨씬 소중하다는 뜻이다. 사는 게 비록 가시밭길뿐이고, 제아무리 고통스러워도 최고 1000도까지 끓는 화장장의 화구(火口) 속보다야 낫지 않을까. 내가 하반신 마비로 휠체어를 타고 살면서 대소변 실수를 하며 매일 좌절하며 살더라도 이승에서 살지, 뜨겁게 끓는 화구 속에 뛰어들지는 않고 싶다.

　내가 몇 번의 죽을 고비, 죽을 뻔한 일을 겪고, 다행히 살아 있다는 것만으로도 나는 축복받은 사람이라 생각한다. 만약 내가 비록 하찮고 별 볼일 없이 살더라도 살아서 숨을 쉬는 것만으로 감사해야 한다. 언젠가

시련은 축복이었습니다

목숨이 다해서 한 줌의 가루가 되어 흔적도 없이 떠날 세상이지만, 오늘, 지금, 이 순간, 내가, 우리가 진정 아름다운 것은 살아 있다는 그 이유뿐이다.

2장

시련이 나에게 새롭게 알려준 비밀들

01

/

생각을 바꾸니 행복해졌다

나는 '동전의 앞뒷면', '장단점'이라는 말을 참 좋아하는 것 같다. 그래서 지금까지 대부분 내 자소서는 이렇게 시작한다.

['인생은 언제나 동전의 앞뒷면과 같다.' 힘든 한계에 부딪히면 다시 뒤집어보고 매사 긍정적으로, 좋은 일이 있을 때는 자만하지 않고 주의 깊게 행동하겠다는 제 마음속 좌우명입니다.]

나는 1994년에 불의의 사고를 당해서 인생이 송두리째 바뀌었다. 한동안 '왜 나만, 왜 나한테만 이런 일이 생긴 걸까?'라는 생각에 사로잡혀 숨어 지내며 힘든 시간을 보내야만 했다. 모든 게 원망스럽고, 이 세상이 모두 다 싫고 죽고 싶은 생각만 했던 시간이었다.

그렇게 자책하고 있을 때, 당시에 심장마비로 돌아가신 할아버지와 고모부를 생각하니 살아 있다는 사실만으로도 감사해야 한다는 생각이 조금씩 들었다. 그러다 주변을 보니 나보다 더 힘든 사람들도 주어진 상황에 따라 그래도, 그럼에도 불구하고 열심히 사는 분들이 보였다. 내 생각과 인식이 바뀌기 시작하면서 점점 동전의 뒷면이 보이기 시작했다.

내가 이렇게 휠체어를 타야만 하는 장애인이 되었고, 앞으로는 평생 서지도 걷지도 뛰지도 못한다. 게다가 대소변 실수까지 하고 불행하게 되었는데, 그래도 좋은 점은 무엇일까?

첫 번째 좋은 면이라고 느낀 건, 우리 엄마이다.

초등학교 교사이셨던 우리 엄마는 배움에 대한 열정이 누구보다 넘치는 분이시다. 내가 다치기 전까지 그 열정을 모두 나에게 쏟아부었다. 공부는 물론이고, 어릴 때부터 고등학교 때까지 피아노, 미술, 주산, 서예, 사군자, 한국무용, 장구, 가야금, 기타 등 정말 많은 학원을 다녔다. 엄마의 열정을 따라가기가 너무 힘이 들었고, 기대에 부응하기가 힘들었던 것 같다.

그런데 내가 다치고 나서 생사를 오가는 시간을 보내고 장애인이 되었다. 엄마에게 나에 대한 그 전까지의 기대가 남아 있었을까? 당연히 '건강하게 살아만 다오~'였다. 이제는 엄마의 강요가 아닌, 나 스스로 결정을 하고 재활 치료를 하면서 대학을 가겠다고 마음을 먹었다. 검정고시와 수능을 치를 때는 더 이상 엄마에게 성적이 중요하지 않았고, 나에게 무조건 잘했다고 칭찬을 해주셨다. 엄마의 칭찬과 격려에 너무 기뻤고, 지금도 다치고 좋은 점이라고 생각한다.

두 번째 좋은 면도 비슷한데, 나에 대한 모든 사람의 기대치가 낮아졌다는 것이다.

휠체어를 타고 있으니 조금만 노력해도 아주 더 열심히 하는 듯이 보이는 것 같다. 휠체어를 타고 조금만 잘해도 아주 잘하는 것으로 사람들이 봐주었다. 몸도 제대로 못 쓰고 불행해 보이는 장애인이 조금 웃고, 좋게 말하니 아주 밝고 긍정적이라고 나를 평가해줬다. 타인의 평가가 중요하지 않고 휘둘리지 말아야 하지만, 이 세상 사람들의 평가를 완전 무시하고 살 수만은 없는 게 인간이다.

더군다나 나 역시 다치고 나서 처음 밖으로 나왔을 때 잔뜩 주눅 들어 있고 정말 두려웠다. 물론 편견에 시달리고 차별을 받은 적도 있지만, 그래도 나의 노력에 비해 사람들이 칭찬해주고 인정해주니 오히려 신이 나서 더 잘할 수 있었다.

77

세 번째는 내가 결혼을 하고 나서 느낀 점이다. 쓰려고 보니 기대치가 낮아졌다는 얘기의 연장이다. 소개로 만난 남편은 내가 휠체어를 타기 때문에 할 수 있는 것도 많지만, 할 수 없는 부분도 많다는 걸 알고 연애를 시작했다. 그러면서도 나의 다리가 되어주겠다며 달콤한(?) 말을 하니 나는 너무나 감동했고, 8개월의 연애 끝에 결혼하게 되었다.

허니문 베이비로 신혼도 별로 없이 결혼 후 1년 만에 낳은 첫째, 첫째가 5~6개월 되던 때 연년생으로 둘째까지 들어섰다. 사실 친정엄마가 제일 고생하셨지만, 남편도 낮에 일하고 밤 중 수유에 아기들 목욕, 젖병 소독 등 내가 할 일의 많은 부분을 다했다. 아이들이 12살, 11살이 된 지금까지도 집안일의 많은 부분을 크게 군말 없이 해준다. 이런 부분은 정말 좋은 면이고 내가 너무나 큰 복을 받은 거라 감사한다.

아이들도 마찬가지다. 딸들이라 조금 더 차분하고 성숙한 면이 있다. 하지만 신체적으로 불편한 엄마가 많은 부분을 해줄 수 없다는 걸 알아서인지 4~5살 때부터 다른 또래들에 비해 스스로 하는 부분이 많았다. 6~7살 때부터 한 5분 거리의 어린이집은 그냥 둘이 걸어서 갔다. 지금은 초등 4, 5학년이니 20분 거리의 학교는 말할 것도 없다.

뿐만 아니라 코로나 시국이라 원격수업을 하든, 등교 수업을 하든지, 깨우지 않아도 알아서 일어난다. 아침에 식탁 위에 챙겨놓은 아침 식사를 알아서 먹는다. 그리고 알아서 시간을 맞춰 학교에 간다. 학교를 마치고 방과 후 수업을 하고, 알아서 피아노 학원을 갔다가 집에 온다. 집에 엄마 아빠가 없어도 숙제하고 ○○○라는 학습도 알아서 한다. 그 뒤로는 아이들의 자유 시간이다.

▲ 나의 연년생 딸들. 서로 안아주고 우애가 돈독한 편(사진 왼쪽)이며, 언니가 동생 공부를 가르쳐주기도 하고, 스스로 잘하는 아이들(오른쪽)이다. ⓒ박혜정

나는 내가 없어도 할 수 있는 시스템을 항상 만들기는 했다. 왜냐면, 난 무얼 항상 같이 해주기 힘든 엄마이기 때문이다. 그걸 일찍부터 아는 아이들이라 그런지, 더 스스로 잘하게 된 것 같다.

또한 어릴 때부터 휠체어 타고 있는 엄마를 밀어주고 도와줘서인지 지나가는 할머니가 수레를 끌고 가시면 밀어 드리고, 짐도 들어 드리고 정말 심성이 착한 아이들이다. 부모로서 아이들의 기특한 행동을 보니 너무 뿌듯하고 감동할 때가 많다. 나는 이런 부분이 내가 다치지 않았으면

2장_시련이 나에게 새롭게 알려준 비밀들

얻지 못했을 행복인 것 같다.

나에게는 안 좋은 일만 일어난다는 생각이 들고 힘든 순간에는 동전의 뒷면이 보이지 않을 수 있다. 힘들어도 동전의 뒷면, 나에게 닥친 시련의 뒷면을 보려고 노력해야 한다. 힘든 것도 다 지나가게 마련이다. 폭풍이 몰아칠 때는 전혀 보이지 않을 수 있지만, 그걸 견디고 조금만 지나가고 난 뒤 차분하게 뒷면을 보라. 좋은 일, 좋은 뒷면을 보기 시작하면 인생이 더 행복하고 감사할 일이 많아질 것이라 나는 믿어 의심치 않는다.

하루아침에 장애인이 되어 휠체어를 타게 된 좌절의 상황에서도, 좋은 일은 찾으면 분명히 있다. 그리고 한번 밝게 웃어보자. 누구보다 더 긍정적이고 밝은 사람으로 비춰질 것이다. 사지마비로 정말 힘들지만, 그런 상황이라도 내가 할 수 있는 조그만 무엇이든 열심히 해보자. 누구보다 더 최선을 다해 사는 사람으로 기억될 것이다.

지금 이 글을 읽는 당신이 지금까지는 힘들었지만, 이제는 좋은 면을 보고 행복한 인생을 살기를 진심으로 소망한다.

02

/

남들과 비교하지 마

점심시간에 방해받지 않고 편하게 휴식을 좀 하려고 차에 앉아 있었다. 차 창문으로 밖을 보고 있노라니, 캠퍼스 교정을 산책하고 있는 학생들, 직원들이 보였다. 그들을 보니 나도 걸어서 저 흙길, 돌길을 걷고 싶다는 생각이 문득 들었다. '내가 왜 이렇게 됐을까? 내가 다치지 않았다면 저런 길을 걸을 수 있었을 텐데…'라는 생각이 다친 지 얼마 안 되었을 때는 머릿속에 가득했다. 지금은 아주 가끔 이런 생각이 들 때가 있다. 나도 사람이니 과거가 생각나는 건 어쩔 수 없는 것 같다.

나는 부모님의 기대에 부응하기 위해 학창 시절, 공부를 열심히 했다.

성적도 꽤 잘 나오곤 했다. 같이 공부했던 친구들 중 대부분 선생님, 의사, 약사가 되어 있다. 그런데 당시에 나보다 공부 못했던 친구들이 잘되어 있는 걸 보면, 나한테 일어난 사고가 원망스러울 때가 많았다. 내가 안 다치고 그들처럼 학교생활을 했다 해도 의사나 선생님이 되어 있다는 보장은 절대 없는 데도 말이다.

과거에 내가 이랬고, 저랬다고 말하는 사람들을 나는 참 싫어한다. 그래서 이렇게 과거 생각에 빠지지 않으려고 노력했다. 내 의지대로 할 수 없는 사고를 받아들이고 그래도 열심히 살려고 노력해왔다. 하지만 이런 생각이 갑자기 훅 파고들면 한 번씩 우울해진다.

밖에 걷는 사람을 쳐다보다 괜히 나도 걷고 싶다는 생각 하나로, 꼬리에 꼬리를 물고 온갖 걱정, 원망, 화까지 나기도 한다. 이렇게 부정적인 감정에 휩싸이게 되면, 깊은 우울증까지도 갈 수 있다. 과거에 얽매이고 남들과 비교하기 시작하면 나 자신에게 득이 될 게 전혀 없다.

그래서 이런 생각이 잠깐이라도 들면, 나는 우선 나에게 사고가 난 건 내 잘못이 아니고, 내가 어찌하지 못한 일이라는 생각부터 한다. 이 세상의 일은 아무리 애써도 내 힘으로 어찌하지 못하는 일도 많으니까. 이렇게 생각하고 나면, 마음이 조금 편해진다.

그리고는 내가 처한 상황 중에서 좋은 면으로 생각을 바꿔야 한다. 내가 휠체어를 타고도 좋은 많은 부분을 떠올려야 한다. 그중에서 무엇보다 나에게 소중한 아이들과 남편이 있다는 행복한 사실을 떠올리면, 우울에서 벗어나 미소를 지을 수 있다. 자신에게 제일 행복한 그 어떤 생각이라도 해야 우울함을 떨칠 수 있다.

내 잠깐의 우울증은 이렇게 끝이 났다.

20대에 자기계발 교육 회사에서 교육 마케팅과 동기부여가, 스피치 강사, 교육 강사로 일을 했다. 그때 자기계발서를 상당히 많이 읽게 되었다. 데일 카네기, 브라이언 트레이시, 스티븐 코비 등의 자기계발서뿐 아니라 국내 강사들의 자기계발서도 꽤 읽었다. 많은 내용들 중, 특히 나는 당시에 매사에 감사하라, 감사할 거리를 찾으면 모든 순간에 있다는 말에 영향을 많이 받았다. 아주 작은 것에도 감사하며 사는 것이 힘든 순간을 이겨내는 데 도움이 많이 되었다. 지금까지도 될 수 있으면 소소하지만 감사한 일을 찾으려고 애쓰며 살아왔다.

그런데 내가 지금까지 감사하게 여겼던 많은 부분이 잘못된 게 아닐까 하는 생각이 문득 들었다. 왜냐면 타인보다 이런 부분은 내가 나으니까 위안 삼고, 스스로에게 감사하자고 생각하지 않았나 싶어서이다. 절대 내가 타인보다 더 나은 것이 없을 수도 있는데 말이다.

척수장애는 목부터 꼬리뼈까지 척추의 어느 부분을 다치느냐에 따라 마비 상태가 달라진다. 예를 들어 목을 다치면 경추 손상으로 대부분 목 아래로 사지마비 상태가 온다. 나처럼 등 부위를 다치면, 다친 부위 아래쪽으로 마비가 나타난다. 그럼 꼬리뼈 다치는 게 제일 좋겠다고 생각할 수도 있지만, 각자 다치고 손상된 부위가 너무나 다르기 때문에 그렇게 꼭 말할 수는 없다. 그러나 보통 경추 손상이 하반신 마비는 물론 손까지 마비가 오는 경우가 많아서 제일 힘든 건 사실이다.

아는 척수장애인들 중 경추손상의 경우 같은 척수장애일지라도 나처럼 흉추손상으로 손을 쓰는 것을 부러워할 수밖에 없다. 그러나 나는 요추손상으로 조금이라도 일어설 수 있는 사람을 부러워한다.

반대로 나는 손을 쓰지 못하는 경추손상 장애인을 보고, 내가 손이라도 멀쩡한 것에 감사한다. 경추손상 장애인들은 자기보다 더 힘든 장애인을 보고 감사함을 느낄 수도 있을 것이다. 이렇게 감사하는 것이 진정 올바른 것일까? 나는 뭔가 찝찝함을 지울 수가 없었다.

얼마 전, 장애인여성연대에서 진행하는 모임에 우연한 기회로 처음 간 적이 있다. 거기에는 정신, 지적, 신장 장애뿐만 아니라 나 같은 지체 장애인 등 다양한 장애 여성들이 있었다.

그곳에서 다치고 20년째 휠체어를 타고 있어서 나와 비슷한 장애를 가진 여자분을 알게 되었다. 그런데 어떤 부분의 손상으로 언어장애까지 있었다. 나보다 조금 어린 그녀의 어머니가 나에게 자꾸 말을 걸었다. 그 어머니는 자기 딸이 대학을 다니는 중에 다쳐서 이렇게 되었다고 하셨다. 그러면서 나의 상태와 상황을 엄청나게 부러워하셨다. 자기 딸과는 다르게 말하고 있는 것 자체를 부러워했다. 결혼해서 아이가 둘이라는 것도, 직장에 다니고 있는 것도 모두 다 부러워했다. 그리고는 나에게 '그나마 낫다, 정말 감사해야 할 일'이라고 하셨다.

굳이 그런 말을 듣지 않아도 그 모임 안에서 나 스스로도 내가 더 낫다고 생각하며 위안 삼고 감사해하는 나를 보게 되었다. 물론 나를 보고 자신이 더 나은 상황이라며 스스로 위안 삼고 감사함을 느끼는 사람이 있다면, 나는 크게 상관이 없다. 하지만, 내가 나보다 힘든 사람을 보고 감사함을 느끼는 것은 괜히 미안한 마음이 들었다. 굳이 그런 비교를 하지 않겠다고 다짐을 했다. 찝찝한 감사에 마음이 불편했기 때문이다.

반대로 나보다 나은 좋은 조건이나 상황에 있는 사람이 마냥 부럽기도 하면서 나 자신이 초라해지는 경우가 있다. 내가 초라해지거나 자책에 빠지지 않기 위해서는 얼른 그 생각을 걷어내야 한다. 남과 비교하는 것은 나에게 아무짝에도 쓸모없는 일이기 때문이다.

내가 아는 엄친아 A씨가 있다. 나와 비슷한 시기에 다쳤지만, 앞에서 말한 경추손상을 입었다. 나보다 훨씬 상태도 안 좋고, 목 아래로 마비라서 팔은 겨우 들지만, 손가락을 거의 잘 움직일 수가 없다. 처음에 나는 손을 쓰는 것만으로 훨씬 내가 낫다고 생각했다. 그래서 A씨를 보고 나는 정말 다행이라 감사했다. 찝찝한 감사를 느꼈던 것이다.

그런데 그 A씨가 살아가는 모습을 보며 내 생각이 많이 틀렸음을 알고 반성하게 되었다. A씨를 보고 위안 삼으며 감사하던 나보다 훨씬 더 멋지게 살고 있는 거였다! 다치고 더 힘든 상황에서도 그는 다시 일류대학에 입학해서 졸업한 뒤, 현재 대기업에서 일하고 있다. 그 사람이 일류대학, 대기업에 들어가서 대단하다고 말하는 게 아니다. 나보다 더 힘든 상황이지만, 좌절하지 않고 얼마나 더 노력했을지 내가 감히 상상이나 할 수 있을까. 물론 부모님의 도움을 받겠지만 너무나 열심히 살아가는 모습에 존경을 표할 수밖에 없었다. 그리고 남과 비교하지 않고 그 자신만의 삶을 열정적으로 사는 모습에 내가 오히려 부끄러웠다.

상대적인 비교를 하며 감사함을 느끼는 건 삶에 대한 진정한 감사가 아닌 것 같다. 남과 비교하지 않고 온전히 나 자신이어서 감사한 삶을 사는 것이야말로 진정한 감사라 생각한다. 다치고 내가 잃은 것들보다 내게 남겨진 많은 것들에 감사해야 한다. 남들과 비교하며 못 가진 것에 우울해할 것이 아니라, 지금 내가 가진 소중한 것을 누리며 행복하면 된다. 나는 그냥 나답게 나대로 살면서 행복하게 사는 것이야말로 진정한 내 삶이 될 것이다.

나는 그래서 죽기 전에 '온전히 나 자신이어서, 나답게, 나대로 살아서 감사하고 행복했다.'라는 말을 꼭! 할 수 있었으면 좋겠다.

아무것도 못할 것 같던 내가 독립을 하다니

작년에 TV에서 〈독립 만세〉라는 관찰 예능 프로그램을 본 적이 있다. 한 번도 혼자 살아보지 않았던 연예인이 생애 최초로 독립에 도전하는 과정을 그린 프로그램이다. 독립하는 과정을 보여주는 예능 프로그램까지 있을 정도이니 누구나 독립을 하는 게 쉽지 않은 일인 것 같다. 특히 여자가 부모로부터 온전한 독립을 하기는 더 어려운 일이다. 여자이면서 거기다 중증의 장애를 가진 나 같은 사람은 더더욱 독립을 상상하기도 힘들었다.

멀쩡하던 딸이 불의의 사고를 당했으니 부모님의 상심이 얼마나 크셨을지 상상할 수도 없다. 대신 아파해주고 싶고, 조금이라도 덜 힘들게 해주고 싶었을 부모님의 깊은 마음을 어떻게 다 헤아릴 수 있을까. 하지만 어렸던 나는 내가 할 수 있는 것은 스스로 하고 싶었다. 부모님으로부터 독립을 해야 장애가 있어도 더 빨리 재활하고 사회 구성원으로 떳떳하게 살 수 있다고 생각했다. 또한 누구의 간섭도 받지 않고 자유롭게 살고 싶었다. 부모님으로부터 완전한 독립, 나 혼자 온전히 나를 위해 사는 독립을 하고 싶었다.

대구에서 대학을 다니며 자취를 2년 정도 해본 경험이 있어서 휠체어를 타는 중증 장애를 가져도 나는 혼자 살 수 있다고 생각했다. 물론 그때는 부모님이 방을 구해주셨고, 용돈을 받아서 썼다. 그러니 완전한 독립을 위해서는 경제적인 독립이 되어야 가능했다.

그러려면 나는 어떻게든 직장을 가지고 경제력을 키워야 했다. 그런 독립에 대한 간절한 열망이 생길 무렵, 한 교육 회사에서 아르바이트를 시작했다. 그곳은 '브라이언 트레이시'라는 외국의 유명 동기부여가의 이론을 우리나라에 들여와서 교육하는 곳이었다.

나는 우연한 기회에 그곳의 학생 교육을 수강하게 되었다. 교육을 들으며 그 회사의 홈페이지를 제작해주는 인연으로 교육 진행 보조 아르바이트까지 하게 된 것이다. 이 회사의 사람들은 장애인이라는 편견으로 나를 보지 않았다. 나의 가치를 알아주는 사람들과 재밌게 일을 할 수 있었다. 그리고 교육 분야의 일이 적성에도 잘 맞았다.

이 회사에 다니며 나는 인정받기 시작했고, 정직원까지 되었다. 2~3년쯤 근무를 했을 때, 독립할 정도의 경제력이 된다는 생각이 들었다. 나는 결단을 내렸다. 부산과 경남을 오가며 교육을 진행하고 교육 마케팅을 하는 일이라, 중간 지점인 김해에 방을 알아보았다.

나는 몇 군데를 둘러보고 그나마 휠체어 시설이 되는 제일 저렴한 원룸형 아파트에 계약금을 걸었다. 보증금 500만 원에 월세 25만 원이었다. 그리고는 부모님께 나는 김해의 한 아파트 월세 계약을 했고, 독립하겠다고 말씀드렸다.

그때 내가 다친 지 9년 차, 내 나이 26살, 2003년이었다. 말을 들은 우리 엄마는 그때 온갖 걱정으로 처음에는 난리가 나셨다. "어떻게 네가 혼자 살 수 있다고 그런 생각을 하느냐, 혼자 어떻게 밥을 해 먹고 청소를 어떻게 할 건지, 혼자 어떻게 대소변 처리를 하며, 혼자 어떻게 지낼 거냐?" 하시며 절대 안 된다고 하셨다. 난 계약금을 걸었고, 무조건 독립을 할 거라고 굳게 말을 했다. 그랬더니 "30살이 되면 독립해라." 내가 혼자 힘들 걸 걱정하시는 엄마는 정말 사정을 할 정도였다. 엄마와 내가 하는 말을 들으시고 아빠는 "네가 계약한 집을 한번 보자."라고 하셨다.

다음 날 내가 계약한 김해 ○○동의 아파트를 부모님과 함께 봤다. 아빠는 "월세 25만 원이 쉬운 건 줄 아느냐, 그리고 이 좁은 원룸에서 휠체어를 타고 사는 건 너무 불편할 것이다."라고 하셨다. 그리고는 김해 장유에 아파트를 보자고 하셨다. 김해 장유는 그때 당시 막 신도시로 새로 지어진 아파트들이 대부분이었다. 새 아파트이니 휠체어가 다닐 수 있는 시설도 잘되어 있었다. 나의 독립을 하늘이 도운 것처럼 마침맞게 중도금을 치르지 못한 급매물을 아주 싸게 구할 수 있었다.

드디어 나의 독립생활이 시작되었다!

처음 한 달 정도는 걱정이 된 엄마가 자주 와서 반찬과 빨래, 청소를 해주시고 갔다. 그 뒤로는 제발 오지 말라고 당부를 했다. 막상 해보니 모든 게 시간이 좀 걸려서 그렇지 다 할 수 있었다. 반찬도 인터넷 검색만 하면 다 알려주고, 배달도 편하게 되는 세상이다. 빨래는 세탁기가 하는 거고, 청소는 힘들어도 하려면 할 수 있는 일이었다. 그런 걸 하나씩 해보면서 성취감을 느끼는 자체가 나에게는 기쁜 일이었다. 혼자 뭐든 할 수 있다는 자신감이 생기는 일이었다. 정말 내가 살아 있는 느낌이었다.

시간이 지나니 장애인 복지 혜택도 점점 나아졌다. 독립하고 얼마 지나지 않아 장애인 활동 보조라는 서비스가 생겼다. 장애인 이용자가 필요한 부분을 보조해주는 사람이 국가에서 지원되는 것이었다. 중증 장애인 개개인이 원하는 부분은 다를 수 있다. 그에 대한 서비스를 국가에서 교육을 받은 사람들이 해주는 것이다. 나는 주로 가사에 대한 도움 서비스를 받았다. 이후로는 부모님의 도움 받을 일이 거의 없었다. 혼자 씩씩하게 더 잘 살 수 있었다.

대부분의 부모님이 자식을 걱정하는 마음에 독립을 반대하는 경우를 주변에도 많이 봤다. 더군다나 중증의 여자 장애인인 나 같은 사람이 독립하겠다고 했을 때, 부모님이 반대하셨던 건 정말 당연하다. 그렇지만, 나는 독립을 너무 꿈꿨고, 그 열망을 가지고 일단 일을 저질렀다. 내가 저지른 결단을 아빠가 그나마 지원해주셨으니 가능한 일이긴 했다. 그러나 독립을 하고 난 뒤는 오롯이 나 혼자 어떻게든 모든 일을 해결해야 하니 정말 어려운 일이 많았다.

한번은 휠체어에서 침대로 옮기다가 휠체어가 밀려서 바닥에 떨어지고 말았다. 휠체어 타이어에 바람이 없었던 모양이다. 나는 그때까지 바닥에서 휠체어나 침대로 전혀 올라오지 못했다. 가슴 밑으로 아무런 힘이 없으니 나에게는 너무 힘든 일이었다. 예전에 그런 일이 있으면 부모님이 계셨으니까 하려고 시도도 해보지 않았다.

그러나 이제는 철저히 혼자이다. 이미 바닥에 떨어졌고, 바닥에서 어떻게든 올라와야 한다. 주변에 도움을 청할 사람도 전혀 없었다. 어떻게든 해보는 수밖에 없다. 무조건 팔 힘으로 휠체어에 올라가려니 힘이 없는 다리는 버텨주지를 못했다. 다시 바닥으로 꼬꾸라졌다. 아무리 해도 도저히 안 되는 것 같았다.

다시 호흡을 가다듬고 어떻게 해야 할지 고민했다. 주변에 있는 물건 – 베개나 책 등을 적당히 쌓고 먼저 엉덩이로 거기 위에 올라앉았다. 이

것도 쉽지 않았다. 그다음 휠체어로 올라가는 데 1시간 이상을 버둥거리다 정말 겨우 올라갔다. 제일 힘든 재활 중 하나인 '바닥에서 휠체어로 올라가기'를 혼자 어떻게든 해냈다는 생각에 너무 뿌듯했다.

또 한번은 밥을 먹으려고 냉장고에서 반찬을 꺼내 허벅지에 얹고 식탁으로 가고 있었다. 그런데 반찬 유리그릇이 바닥으로 떨어지면서 와장창~! 깨져버렸다. 유리 조각들은 바닥 곳곳에 널브러졌다. 들어 있던 반찬과 반찬 국물도 엉망으로 어질러졌다. 유리 조각에 휠체어 타이어가 터질 수 있으니 움직일 수가 없었다. 휴지나 물티슈, 걸레 같은 것도 가까이에 없어서 정말 난감한 상황이었다.

그때 딱 보인 것이 싱크대 저 멀리에 있는 행주가 보였다. 그런데 이런~ 행주가 손에 닿지 않는 거리에 있다. 그나마 다행이었던 게 내가 있는 싱크대 쪽에 온갖 조리도구들이 있었다. 뒤집개로 행주를 내 쪽으로 약간씩 당기려고 하니 안 되었다. 주방 칼로 해도 안 되고, 국자로 해도 안 되었다. 결국 길이가 제일 긴 튀김 젓가락이 겨우 닿았다.

아구~ 힘들다. 행주를 겨우 손에 넣고 엎드려서 휠체어 주변부터 유리 조각을 살살 밀어가며 닦았다. 한참을 엎드려서 휠체어 주변을 깨끗하게 해놓았다. 그리고는 베란다에 있는 빗자루와 쓰레받기를 가져와서 나머지를 쓸어 담았다. 그리고는 청소기를 가져와서 마무리했다! 힘들었지만 내가 어쨌든 했다는 생각에 스스로가 기특한 순간이었다.

시련은 축복이었습니다

실제로 이렇게 독립을 해서 6년을 혼자 살아보니, 그 시간 동안 내가 완전 더 성장했다는 걸 확실히 느낀다. 내가 내 삶을 더 책임지고 살 수 있게 되었고, 내가 원하는 삶을 온전히 나를 위해 열심히 살 수 있었다. 자립심, 독립심을 기르는 것은 인생을 살아가는 데 정말 큰 힘을 가지게 되는 것이다. 사람마다 상황과 여건의 차이, 생각의 차이가 분명히 있을 것이다. 하지만 나는 누구든 혼자 여행을 하거나 혼자 살아보는 것을 꼭 해보길 권한다. 온전히 혼자가 되는 시간을 가지는 것은 사람을 참 성숙하고 성장하게 만드는 값진 시간이기 때문이다.

04

/

막상 해보면 누구나 할 수 있다

열일곱 살에 사고를 당해 하반신 마비가 되어 휠체어를 타는 장애인이 되고 난 뒤, 내가 혼자 스스로 할 수 있는 일은 거의 없었다. 처음엔 침대에서 누워 있다가 상체를 일으켜 앉는 것조차 할 수 없었고, 내가 할 수 있었던 것은 손과 팔로 할 수 있는 몇 가지였다. 하지만 손과 팔로도 뭔가를 하려면 어쨌든 부모님의 도움을 받아야 겨우 앉을 수가 있었다.

언제까지 계속 부모님의 도움을 받고 있을 수는 없다고 생각했기 때문에, 어떻게든 내 힘으로 할 수 있는 힘을 길러야 했다. 재활 물리치료를 받으면서 팔의 근력을 키우며 혼자 일어나 앉는 것부터 연습했다. 사고

시련은 축복이었습니다

로 인해 이제는 어깨와 팔, 손만으로 뭐든 해야 하는 나는 아기가 된 듯, 하나하나 다시 연습하고 배워야 했다.

처음에는 마비가 되어 힘이 없는 하체가 너무 무거워서 침대에서 휠체어로, 휠체어에서 침대로 옮겨 앉는 것이 얼마나 힘들었는지 모른다. 팔 힘만으로 그 힘없는 하체뿐 아니라 온몸을 들기까지 피나는 연습과 노력을 했다.

점점 더 힘을 길러 드디어 침대에서 휠체어로 옮겨 앉는 것까지 할 수 있게 되었다. 하지만 휠체어에서 화장실 변기로 옮겨 앉는 것은 또 다른 연습과 노력이 필요했다. 또 차로 옮겨 타는 것, 다른 의자로 옮겨 앉는 것, 다른 휠체어로 옮겨 타는 것 등 난관의 연속이었다.

내가 난생 처음 겪게 된 휠체어 생활은 다치기 전과는 180도 다른 삶이었다. 새로 태어났다고 해도 과언이 아니다. 신체적인 모든 것을 새로 배우고 연습해야 했으니까. 비장애인은 신경을 쓸 필요도 없는 자연스러운 기본 일상생활 그 자체가, 나에게는 넘어야 할 난관이었다. 제일 기본적인 용변 처리 역시 혼자 하기까지 수많은 시간과 노력이 걸렸었다. 샤워를 하는 것도, 옷을 입는 것도, 욕창 치료를 하는 것도, 혼자만의 방법을 찾기까지 너무 힘든 시간이었다.

하지만 무엇이든 단번에 되기보다 서서히 조금씩 하게 되는 게 순리임을 알게 되었다. 수많은 시행착오를 겪고 부딪치고 넘어졌다. 혼자서는

2장_시련이 나에게 새롭게 알려준 비밀들

절대 못 할 것 같은 일들도 처음 한두 번이 어렵고 힘들지, 횟수가 거듭될수록 나만의 노하우가 생기면서 할 수 있는 일이 되었다. 남들은 용변, 샤워, 옷 입기 같은 걸 해냈다고 박수까지 칠 일은 없을 것이다. 아기가 했다면 모를까. 하지만 나에게는 그런 작은 일을 혼자 하나씩 했을 때, 박수를 칠 만한 일이었다. 자신감과 성취감이 커졌고, 자부심까지도 생겼던 것 같다.

그렇게 29년이란 오랜 세월 동안, 조금씩 조금씩 혼자 할 수 있는 것들이 늘어났다. 지금은 혼자 못 할 게 거의 없을 정도로 생활에 적응이 되어 있다. 물론 시간이 많이 걸리고 힘이 좀 들지만, 내가 휠체어를 타서 못 할 일은 없다고 생각한다. 물론 계단을 오르거나 뛰거나 넘어져서 일어나는 등의 일은 내가 할 수 없는 일일 수도 있지만, 나는 그것도 절대 할 수 없다고 생각하지 않는다. 조금의 도움이 있다면 가능한 일이기 때문이다.

어릴 때부터 여행을 많이 데리고 다녀주셨던 부모님 덕분에 나는 여행가는 게 진짜 너무 좋다. 그런데다 대학 입학 후, 거동이 불편한 나에게 부모님은 차를 사주시며 날개를 달아주셨다. 차를 타고 어디든 시간과 돈이 생기면 돌아다니고 싶었다. 그러나 부모님께 받는 한 달 용돈 20만 원으로는 돌아다니기에 턱도 없었다. 부모님께 손 벌리지 않고 여행을 가기 위해 나는 돈이 늘 필요했다.

그래서 내가 할 수 있는 아르바이트를 찾아보았다. 대구 동성로 시내 상점들을 돌아다니며 설문지 아르바이트를 하기도 했고, 아파트 집집마다 벨을 눌러 방문 판매 영업도 했었다. 교통량 조사 아르바이트로 하루 종일 도로변에 휠체어 타고 앉아서 지나가는 차 대수를 세는 일, 중고 자동차 판매 딜러도 조금 해봤었다. 판매 영업은 수완이 없어서 별 성과는 없었다. 그 외에도 홈페이지 제작, 영-한 번역하기, 천리안에 접속해서 광고 글을 올리기, 자소서, 이력서 대필 아르바이트 등 내가 할 수 있는 어떤 일이든 그냥 했었다.

『나는 죽을 때까지 재미있게 살고 싶다』에서 이근후 박사는 "무모하게 사는 것이 가장 안전한 길이다."라고 말했다. 이 말처럼 그냥 무모하더라도 도전하면 된다. 휠체어를 타고 무모해 보이더라도 막상 해보니 할 수 없는 일은 없었다. 그리고 실패를 하더라도 해봤다는 생각에 오히려 자신감이 올라갈 뿐이었다!

처음, 하기 전에는 내가 이런 아르바이트를 할 수 있을지 걱정이 너무 된 게 사실이다. 누구나 마찬가지가 아닐까 싶다. 그렇지만 당시 나는 너무나 여행을 가고 싶은 욕구가 컸다. 무작정 '막상 해보면 할 수 있다!'라는 젊은 패기로 해보자고 마음을 먹었던 것 같다.

기본적인 신변의 일을 처리하는 것 외에도 요리, 설거지, 청소, 빨래 등의 집안일을 내가 할 수 있을까 두려웠다. 부모님과 같이 있을 때는 그런 집안일을 할 기회도, 필요도 없었다. 한 번도 해보지 않은 일에 대한 막연한 두려움이 들었다.

그렇지만, 독립해서 혼자 살면서 대신해줄 사람이 없으니 어떻게든 내가 해야 했다. 집안일도 막상 하니까 할 수 있었다. 휠체어를 타고 집안일을 한다는 게 쉽지는 않지만, 할 수 없는 것은 절대 아니다. 남들보다 시간은 조금 더 걸릴 수 있다. 조바심은 버려야 한다. 남들과의 비교는 절대 할 필요가 없다. 내가 할 수 있는 대로, 할 수 있는 만큼만, 나의 속도로 하면 된다.

직장 생활도 내가 과연 할 수 있을까 걱정했다. 컴퓨터 전공이라 초반의 직장은 컴퓨터만 하면 되니까 일하는 데 큰 어려움은 없었다. 그 뒤 교육 회사에 근무하면서 내가 교육 진행을 할 수 있을까, 강의를 할 수 있을까 더 걱정했었다. 영어 학원 강사를 도대체 내가 할 수 있을지 너무나 망설여졌다. 초등, 중등 아이들 앞에 휠체어 타고 영어를 가르치는 내 모습이 초라하지 않을지 정말 두려웠다.

휠체어를 타고 판서를 하고, 강의를 막상 해보니 별건 없었다. 강의를 듣는 어른도, 아이들도 처음에 어색해했지만, 두 번째부터는 이상할 게 없는 일이었다. 조금의 용기만 내서 막상 해보면 된다. 몇 번만 해보면 자신감이 생기는 마법이 일어나는 것 같았다.

휠체어를 타는 여자 혼자 해외를 여행하는 것도 내가 설마 할 수 있을까 걱정만 했다. 우리나라도 아닌 정말 낯선 곳에서 말도 통하지 않는데,

시련은 축복이었습니다

과연 내가 오롯이 혼자 여행할 수 있을지 의문이었다. 눈 딱 감고 용기 내어 한 번만 해보면 누구든 할 수 있다! 용기를 내기가 쉽지 않다는 건 나도 동의한다. 그러나 용기 조금, 해보자는 마음 조금만 있으면, 누구나 할 수 있다고 나는 정말 확신한다.

내가 이 몸으로 아이를 낳고 키울 수 있을지 지레 겁먹었었다. 주변에서도 힘들 것이다, 못 할 것이라고 의욕을 꺾는 말도 했다. 나도 그런 말을 듣고 첫째를 키우는 건 섣불리 하지 못했다. 그러나 그런 말을 들어도 '왜 내가 못 해!'라고 생각하고 막상 하면 할 수 있다. 둘째를 키우며 막상 하니까 휠체어를 타고도 나에게 맞는 육아 방법을 찾아서 할 수 있었다.

혹시 지금 두려움이 들어서 시도를 못 하는 사람이 있다면, '막상 해보면'이라는 마법의 말을 꼭 기억하라! 그리고 실행해보길 바란다. 모든 일은 막상 해보면 사실 아무것도 아닌 일이 대부분이고, 막상 하면 누구든 할 수 있다. 또 막상 하기 시작하면, 당신이 가지고 있던 두려움과 불안은 신기하게도 바로 사라진다.

가슴 밑으로 몸의 2/3가 마비인 나 같은 사람도 하는데, 당신이 못 할 게 도대체 뭐가 있는가? 그냥 딱 한 번만 해보면 된다! 눈 딱 감고 하기만 하면 된다! 하고 싶은 그 어떤 일이라도 막상 해보면, 나도, 당신도, 그 누구도 할 수 있다!

/

혼자 쩔쩔매지 말고 도움을 청해라

나는 외향적이고 적극적인 성격이기에 사람들과 어울려서 지내는 것을 무척 좋아한다. 하지만 혼자 다니는 것도 참 좋아한다. 다른 사람과 여행하는 것이 즐겁고 좋지만, 혼자 여행하는 것도 너무 좋아한다. 마음이 아주 잘 맞는 사람과도 서로 다른 의견이나 기호 차이로 맞지 않을 때가 있기 때문이다. 100% 맞는 사람은 이 세상에 없지 않은가. 함께할 때의 기쁨과 혼자 할 때의 기쁨이 서로 다른 결의 행복이라서 둘 다 즐기려고 한다.

함께 여행하고, 함께 밥을 먹는 게 훨씬 좋을 때가 있고, 어떨 때는 혼자 다니는 게 훨씬 마음이 편할 때가 있다. 사람들과 어울려서 즐겁고 행복한 시간도 좋지만, 혼자 다니고, 혼자 하는 여행이 주는 자유로움과 성취감이 아주 커서 혼자인 시간을 즐길 때가 많다.

또한 어떤 일을 할 때, 자립심이 강한 편이어서 타인의 도움을 받지 않고 혼자 해보려고 노력하는 편이다. 혼자 무언가를 해낼 때, 나에 대한 자신감이 부쩍 상승하는 것은 정말 짜릿한 기분이기 때문이다. 그래서 어떻게든 스스로 해보려고 했다.

그런데 살다 보면, 혼자 무조건 하려다가 쩔쩔매거나 위기 상황이 생기기도 한다. 그런 상황에서도 혼자 하겠다고 똥고집을 부리면 일이 더 제대로 안 되는 경우가 많았다. 그럴 때는 혼자 쩔쩔매지 말고 도움을 청해야 한다.

지금 쓰고 있는 이 책도 마찬가지로 방법을 몰라 혼자 힘들 때 코칭을 받게 되면서 출판까지 이를 수 있었다.

나의 20대 버킷리스트 중 하나였던 '죽기 전에 책 10권 내기'를 작년에 우연히 다시 발견한 뒤 책을 꼭 내고 싶다는 생각에 사로잡혔다. 그래서 12주의 책 쓰기 강의를 들었지만, 아무 성과가 없었다. 혼자 무작정 글쓰기만 하며 쩔쩔매고 있었다. 책을 내는 걸 거의 포기하려고 할 즈음이었다.

지인을 통해 바로 〈한국책쓰기강사양성협회(이하 한책협)〉을 알게 되었다. 책을 쓰고 싶다는 갈망만 있었지, 방법을 몰라서 혼자 힘들어하고 있을 때, 김태광 대표를 내가 만난 건 정말 하늘이 준 기회였다. 김태광 대표는 최초의 '출판 가이드 시스템' 특허를 받은 코치이다.

혼자 쩔쩔매지 말고, 모르면 배우고 도움을 받아야 한다. 그리고 한 분야의 최고에게 배우는 것이 시간을 절약하고 얼마나 바른길로 가는 길인지 깨달았다. 김태광 대표와 같은 최고의 스승을 만나 이렇게 책을 쓸 수 있어서 정말 행복하다.

한번은 휠체어를 타고 혼자 하려고 괜한 고집을 부리다 위험하거나 어려운 순간이 닥친 적이 있었다. 경사로를 내려가려는데 중간에 불쑥 타일이 튀어나와 있는 게 보였다. 주변에 사람이 멀리 있었고, 심한 경사는 아니어서 그냥 혼자 내려가 보자고 생각했다.

중간 즈음 왔을 때, 아니나 다를까 튀어나온 타일에 앞바퀴가 걸리는 게 느껴졌다. 으아악! 소리를 지르며 결국은 땅바닥에 철퍼덕하고 말았다. 조그만 턱이 있거나 계단을 가는 것 등 내가 혼자 할 수 없는 일은 무조건 도움을 받자고 스스로에게 다짐했다.

마찬가지로 비슷한 경험이 또 있었다. 대형마트에서 장을 볼 때였다. 나는 카트를 혼자 끌 수가 없으니 네모난 장바구니를 허벅지에 얹고 장을 보았다. 필요한 것뿐만 아니라 막상 물건을 보니 이것저것 장바구니에 담게 되었다. 장바구니에 물건이 가득 찼고, 직원에게 도와달라고 말

시련은 축복이었습니다

할 것을 억지로 괜히 휠체어를 밀고 계산대로 갔다. 가득 찬 장바구니에 앞이 잘 보이지도 않을 정도였다.

계산대에 거의 다 와서 마지막 코너를 도는데, 장바구니 위쪽에 있던 물건들이 와장창 떨어지고 말았다. 그중 유리로 된 제품 하나는 깨져버렸다. 와장창 소리를 듣고 달려온 직원 두 명이 바닥을 수습했지만, 타인에게 민폐를 끼친 것 같아서 민망함은 물론 너무 미안했다.

이런 위험하고 힘든 일을 겪고 난 뒤부터 나는 웬만하면 지나가는 누구에게든 도움을 청한다. 장을 보면서 무겁거나 깨질 수 있는 물건을 살 때는 꼭 직원에게 도와달라고 한다. 장을 보고 나서 많은 짐을 차에 옮기는 것도 혼자 하려고 하기보다 이제는 무조건 도움을 받는다. 휠체어 바퀴가 지나가다 하수구 구멍 같은 틈에 끼였다든가, 조그만 턱에 걸려 넘어졌다든가, 엄청난 각도의 경사길을 가야 한다면, 나 혼자 하기 힘들고 위험한 상황이기 때문에 타인의 도움을 꼭 받는다.

이제 나는 어디서든 망설이지 않고 지나가는 사람 누구에게나 도움을 청한다. 무조건 혼자 막무가내로 하다가는 얼마 가지 않아 넘어지기 십상이라는 걸 알았기 때문이다.

반대로 내가 누군가를 돕는 것도 망설이지 않는 편이다. 아무래도 신체적인 도움은 휠체어를 타는 사람이니 많이 받게 된다. 하지만, 내가 알고 있는 정보를 주든 내가 무언가 타인에게 도움이 된다면 적극적으로

2장_시련이 나에게 새롭게 알려준 비밀들

도움을 주려고 노력한다.

특히 주변 사람들이 고민이 있거나 힘든 상황일 때, 나는 최대한 도움을 주고자 노력한다. 힘든 누군가와 함께 공감하는 상담자 같은 도움은 신체적인 도움보다 더 중요할지도 모르기 때문이다. 이렇게 도움을 받고 도움을 주고, 사람이니까 서로 주고받고 사는 것이라 생각한다.

주변에 많은 장애인이 스스로 위축되어 있기도 하고, 일부는 알량한 자존심 때문에 도움받기 더 싫어하는 걸 보기도 한다. 나처럼 휠체어를 타는 사람은 대부분 보호자나 활동지원사와 같이 다니는 경우가 많다. 사지마비이거나 도움 없이는 활동이 안 되는 분들은 당연히 보호자와 활동지원사가 있어야 한다. 하지만 충분히 혼자 다닐 수 있어도 가족, 지인, 활동지원사 등 누군가가 없으면, 두려움에 어디 가지도 못하거나 갈 엄두를 아예 내지 못하는 사람들이 있다.

혼자서 차에 타고 휠체어를 싣는 게 힘들어서 집에 있는 가족을 오라고 하는 경우도 봤다. 나는 이런 경우에 그냥 지나가는 사람에게 부탁해서 조금 도와 달라고 하면 된다고 생각한다. 아무에게나 도움을 청하는 말 한마디만 하면 될 것을, 한두 번이 아니라 매번 그렇게 하면, 아무리 가족이라도 다 이해하고 도와주기가 힘들 수밖에 없다고 생각한다.

여행을 혼자 가는 것은 나도, 누구나 두렵고 힘든 일이다. 그렇게 두렵

시련은 축복이었습니다

고 힘들어서, 혹은 타인의 도움을 받는 게 싫어서, 굳이 마음이 꼭 맞지 않는 활동지원사나 친구, 가족을 항상 데리고 간다면, 서로 불편해지는 경험을 많이 했다. 그래서 그 뒤로 나는 여행도, 병원 가는 것도, 볼일을 보러 가는 것도, 거의 모든 일을 혼자 하는 편이다. 그리고 잠시 잠깐 힘든 일이 있으면, 모르는 누군가의 도움을 받으면 된다.

나 같은 장애인이 온전히 가족의 도움에만 의지하고 산다면, 함께 사는 가족들은 너무 지치고 무척 힘들 것이다. 차라리 타인이 나를 도와주면 나눔의 기쁨도 느끼게 된다. 그러니 타인에게 잠깐 도움을 받는 게 훨씬 낫다고 생각한다.

꼭 장애인이 아닌 사람들도 도움 받는 걸 의외로 하지 않으려는 사람이 많았다. 인생, 독불장군으로 혼자 살 것도 아닌데, 힘들면 '힘들다, 나 좀 도와 달라.' 이런 말을 생각보다 많은 사람이 잘 못하는 경향이 있다. 심지어 도움의 손길이 와도 거절하는 사람을 많이 본다.

그리고 혼자 싸매고 힘들어하다 보니 우울증이나 자살과 같은 사회적인 문제도 점점 더 많이 생기는 것 같다. 물론 혼자 할 수 있는 것까지 도움을 바라고 있으면 안 된다. 스스로 할 수 있는 것은 하고 그래도 힘든 것은 도움을 받는 게 서로에게 이득이 된다고 생각한다.

누군가에게 도움을 받는다는 것, 기분이 나쁜 것까지는 아니지만, 부

2장_시련이 나에게 새롭게 알려준 비밀들

담스럽기도 하고 스스로가 작아지는 느낌이 들 수 있다. 반대로 누군가에게 도움을 주면, 내가 도움이 되었다는 생각에 뿌듯하고 기분이 좋다. 스스로가 멋지게 생각되기도 한다.

그러면, 그 어떤 사람도 도움을 받기만 하는 사람이 있을까? 또 어떤 사람은 도움을 주기만 하는 사람이 있을까? 나는 이 세상에 그런 사람은 아무도 없다고 생각한다.

어떤 상황에서는 도움을 받기도 하지만, 다른 상황에서는 도움을 주기도 하는 게 사람이 살아가는 이 세상의 일들이다. 그리고 도움을 받는 입장에서 보면, 내가 도움을 받음으로써 도움을 주는 사람에게 기쁨을 주고 자존감을 높여주는 게 되지 않는가?

그러니 도움을 받게 되는 상황에서 도움을 거절하거나 망설일 필요가 없다고 생각한다. 또 금방 얼마 지나서 내가 도움을 주는 사람이 될 테니까 말이다.

시련은 축복이었습니다

06

/

욕심, 집착, 화, 걱정 버리기

주변에 보면 유난히 걱정이 많고 불안해하는 사람들이 있다. 이래도 걱정, 저래도 걱정, 걱정이란 걱정은 모두 다 싸매고 한다. 내 앞에 놓인 작은 걱정부터 타인에 대한 걱정, 더 나아가 나라 걱정까지 온갖 걱정으로 늘 불안하다. 여행을 가기로 해놓고, 심지어 우리 힘으로 어쩌지 못하는 날씨 걱정까지 하며 필요 없는 스트레스를 받는 것이다.

"코로나19로 우울·불안 장애 20% 이상 증가"〈동아사이언스〉(2021.10.10.) 기사에 따르면, 신종 코로나바이러스 감염증(COVID-19·코로나19)으로 인해 전 세계에서 우울 장애를 앓는 환자가 28%, 불안 장애를 앓는 환자가 26% 증가했을 것으로 추정된다는 연구 결과가 나왔다.

3년 넘게 코로나 팬데믹 상황을 겪으며 코로나 블루라는 말이 생길 정도로 고통을 받는 사람이 더 많아진 것 같다. 앞에 말한 '걱정쟁이' 사람들은 더 큰 불안과 걱정 때문에 우울증, 불안증이 더 심각해진 경우도 많이 봤다.

나 역시 코로나19에 걸리면 어쩌나 걱정을 안 한 건 아니다. 아직도 완전 종식이 되지 않은 상황이라 불안하긴 하다. 코로나 상황 때문에 남편의 자영업이 큰 타격을 입어서 생활고도 걱정이 된다.

"그런데 걱정만 하고 있으면 무엇이 달라질까?"

나는 그 어떤 걱정이나 화, 욕심, 집착이든 부정적인 걸 버리지 못할 때, 나만 힘들어지는 경험을 꽤 많이 했다.

오랜 병원 생활 뒤, 집에 왔다. 멀쩡하게 걸을 때는 몰랐지만, 갑자기 휠체어를 타고 생활하려니 집이 너무 낯설고 불편했다. 집에 모든 물건이 서 있는 비장애인 높이에 맞춰져 있기 때문이었다. 물건이 내 손에 닿지 않는 것이 너무 많았다. 물건을 잡기 위해 전혀 일어설 수도 없는 나 자신과, 그걸 내가 잡을 수 없게 만든 가족에게, 예전에는 괜히 더 짜증을 냈다.

어디를 가서도 계단이 많고 내가 전혀 갈 수가 없으면, 나라 탓, 세상 탓을 하며 짜증을 내고, 스트레스를 받았다. 그렇게 세상에 대한 원망과 가족, 타인에 대한 짜증, 스스로에 대한 스트레스를 품고 살아갈수록 나 자신이 오히려 더 힘들어졌다. 부정적인 것을 끌어안고 있으면, 결국 나 자신만 피폐해지고 망가질 뿐이었다.

어느 날 문득 짜증과 화를 내고 있는 내가 보였다. 내가 혼자 화를 내고 짜증을 내본들 해결되는 일은 아무것도 없었다. 나쁜 일은 누구에게나 일어날 수 있는데, 어차피 생긴 일에 대해서는 스스로 자책하고 스트레스를 받아봤자 나만 나락으로 떨어진다는 걸 깨달았다. 그리고는 이 상황이 내 잘못으로 일어난 건 아니지만, 가족의 잘못도 아니라고 생각했다. 내가 할 수 없는 상황에 대한 화를 버리기 시작했다.

그 뒤로 조금씩 화와 짜증을 줄이려고 노력했다. 이제는 내가 손이 안 닿는 물건이 있으면 그냥 가족들이나 타인에게 부탁을 한다. 어디를 가서도 계단이 많아서 아무것도 할 수 없을 때도, 타인의 도움을 그냥 받으면 되었다. 화와 짜증은 전혀 필요가 없는 거였다.

다치고 척수장애를 입으니 신체적으로 못 하는 게 너무 많아질 수밖에 없다. 나는 원래 성격이 꼼꼼하고 예민하고 약간 완벽주의 성향이 있다. 그렇게 타고난 성격이어서 사소한 일이라도 제대로 마무리되지 않으면 스트레스를 많이 받는 편이다. 그래서 다치고 얼마 안 되었을 때는, 다른 사람이 하는 게 뭔가 맘에 들지 않으니 내가 다해야 직성이 풀릴 것 같았다. 그런데 몸은 안 따라주니 조바심만 나고 스트레스를 많이 받았다.

2장_시련이 나에게 새롭게 알려준 비밀들

결혼하고 보니, 귀찮은 걸 싫어하는 남편에게 뭔가를 부탁하면 거의 대충대충 한다. 밖에서 일은 철두철미하게 하는데, 집에 와서는 아무래도 피곤하니 그렇다고 이해해보려고 했다. 하지만 집에서 내가 부탁하는 일들을 대부분 내 마음에 들지 않게 처리하니 정말 불만스러웠다.

그래서 맨 처음엔 잔소리를 엄청나게 하며 남편이 조금이라도 바뀌기를 바랐다. 잔소리하는 나도 스트레스, 듣는 남편도 스트레스를 늘 받았던 것 같다. 그런데 내 마음에 들지 않으니 내가 하는 게 맞는데, 내 마음처럼 내 몸이 따라주지 않는다. 결국 잔소리를 하다 언성을 높이고, 서로 화가 나고 기분은 엉망이 된다. 일은 제대로 되지도 않으면서 말이다.

애들도 마찬가지였다. 내가 몸으로는 해줄 수 없으면서, 말로만 이래라 저래라 잔소리를 하게 된다. 그런데 애들이 엄마가 말하는데 한 번 만에 '네~ 엄마!' 하는 애가 어디 있을까? 또 언성이 높아지고 화를 내게 되고, 애들에게 상처 주는 말도 많이 하게 되었다. 그런 말을 들은 애들이 그렇다고 내 마음처럼 하느냐면, 절대 그렇지 못하다.

결국 나는 몸 불편한데 화까지 내는, 싫은 엄마밖에 되지 않는 것이다. 아이들도 나도 모두 스트레스가 쌓이는 사이가 되었다. 그런데다 아이들은 점점 나에 대해 거부감을 느끼고 반항하는 마음으로 더 비뚤어지는 게 보이기도 했다. 나는 올바르게 가르치기 위해서 했지만, 오히려 아이들은 내가 원하는 방향과 거꾸로 가는 것이다.

내가 하면 다 잘할 거 같고, 내가 하라는 대로 하면 그게 제대로 되는 것 같지만, 정작 내가 할 수 있는 건 많지 않았다. 오히려 입을 대면 댈수록 나는 애가 쓰이고 화가 나고 스트레스를 받았다. 상대방도 마찬가지 기분을 겪게 되는 건 당연지사다. 그로 인해 일이 제대로 되기는커녕 일을 그르치는 경우가 훨씬 많았다.

이런저런 상황을 겪으며 깨달았지만, 마음을 비우고 바꾸기가 쉽지는 않았다. 내 마음속에 끈끈하게 붙어 있는 집착과 욕심을 버려야 했기 때문이다. '내가 원하는 대로 상대방이 되지 않는다 해도, 무슨 큰일이 나는 것이 아니다. 내가 원하는 대로 상대방이 되는 건 내 욕심이다.' 그렇게 계속 되뇌며 마음을 바꾸려고 무지 노력했다.

남편이 '설거지를 깨끗하게 안 해도 해주는 게 어디야~ 깨끗하게 안 한다고 죽는 것도 아닌데 그냥 모른 척 넘겨버리자!'라고 생각했다. 애들도 마찬가지다. '내가 시킨 걸 안 한다고 당장 어떻게 될 것도 아니고, 애들이니까 완벽하지 않은 게 당연한 거지~.'라고 마음을 비우기 시작했다.

야마구치 세이코는 『버리고 비웠더니 행복이 찾아왔다』라는 책에서 "우리가 비워야 할 것은 물건만이 아니다. 무엇에 대한 걱정, 욕심, 집착. 이것들을 모두 버리고 소중한 것만 지니고 살아가고 싶다."라고 말했다.

내 마음속의 욕심, 집착, 화, 걱정 등을 버리기 시작하니 모두가 너무 편해진 것은 말할 것도 없다. 서로의 스트레스가 당연히 엄청나게 줄었고, 서로 간의 불화도 거의 생기지 않았다. 그리고 여태까지의 내 잔소리로 바뀐 것도 그다지 없었지만, 그냥 마음을 비우고 아무 말도 하지 않았다고 일이 안 된 것도 없었다. 그의 말처럼, 나도 버리고 비우기 시작하니 정말 행복이 찾아왔다.

특히 내가 신체적으로 할 수 없고, 하기 힘든 걸 붙들고 애가 타고 원망스럽고 좌절만 하고 있다면, 그 마음은 딱! 내려놓아야 한다. 마음속에 욕심, 집착, 화, 걱정 등의 이름을 붙일 수 있는 그 부정적 감정들을 놓아버리고 비우면 긍정적이고 소중한 것으로 채워질 수 있다. 내가 할 수 있는 것만 생각하며, 즐겁게 행복하게 기쁜 인생을 살면 된다. 내려놓음의 끝에는 행복이 있다.

너에게

– 서혜진

내려놓으면 된다
구태여 네 마음을 괴롭히지 말거라
부는 바람이 예뻐

그 눈부심에 웃던 네가 아니었니

받아들이면 된다

지는 해를 깨우려 노력하지 말거라

너는 달빛에 더 아름답다

내려놓고, 받아들이는 삶을 통해 여러분도 진정으로 행복한 날을 누리시길 기원하며!

/

07

다 함께 잘 사는 세상은 따뜻한 배려에서 시작된다

요즘 주유소는 거의 대부분 셀프로 하도록 되어 있다. 시대의 흐름이 그런 거겠지만, 언젠가부터 셀프 주유소로 하나, 둘 바뀌기 시작해서 최근에는 셀프가 아닌, 직원이 직접 주유해주는 주유소를 찾기가 힘들 정도이다. 휠체어를 차에 싣고 셀프 주유소를 가면, 휠체어를 다시 내리고 주유를 할 수도 있겠지만, 사실 너무 힘들고 쉽지가 않다.

다행히 직원이 한 명이라도 있어서 자초지종을 얘기하고 주유를 할 수 있으면 다행이다. 직원이 전혀 보이지 않는 곳은 차로 돌아보다 그냥 나오거나, 사무실 안에 있는 직원을 몇 번이나 부르다가 도저히 안 되어서 나온 적도 많다. 셀프 주유소가 생긴 지 얼마 안 되었을 때, 휠체어를 타고 있는 장애인이라 주유를 좀 부탁하니, 잘못 알아듣고 건방지다고 욕을 먹은 적도 있었다.

부산의 ○○터널을 넘으면(아직도 있는지 모르겠지만) 같은 브랜드의 주유소가 나란히 두 개가 붙어 있다. 하나는 기름 값이 싼 셀프 주유소이고, 다른 하나는 기름 값이 비싼 직원 주유소이다. 누구든지 나란히 있는데 당연히 저렴한 셀프 주유소를 가지 않겠는가?

▲ 집 근처의 배려 깊은 주유소 ©박혜정

그래서 나도 셀프 주유소로 들어갔고, 다행히 직원이 있어서 상황을 얘기했다. 그런데 그 직원이 하는 말이 셀프로 주유를 못 할 것 같으면, 바로 옆에 직원 주유소로 가라고 하는 거다.

2장_시련이 나에게 새롭게 알려준 비밀들

나는 살짝 어이가 없었지만, 다시 한 번 설명을 했고, 이곳에서 주유하고 싶으니 좀 도와달라고 부탁을 했다. 그 직원은 바쁘다며 옆의 주유소로 가라는 말만 했다. 나는 결국 그 직원에게 화를 내고 말았지만, 인성이 부족한 사람에게는 필요 없는 화였다. 그 직원의 몰상식한 손짓과 말투는 아직도 기억이 난다.

시나브로 조금씩 조금씩 장애인에 대한 인식의 변화가 이루어졌을까. 며칠 전 갔던 집 근처의 주유소에는 '도움이 필요한 장애인 고객께는 주유해 드립니다.'라는 입간판이 세워져 있었다. 그곳은 직원이 대부분 있는 곳이라 자주 가기도 했지만, 그전에도 "제가 휠체어….".라는 운만 띄워도 흔쾌히 도와줬었다.

나는 기름 값이 좀 비싸더라도 할 수 없이 거의 그 주유소를 갔었다. 직장 근처에도 직원이 항상 있고, 흔쾌히 잘 도와주는 주유소만을 가게 되는 것 같다. 이제는 위의 입간판처럼 주유 회사에서 저런 배려를 해준다니 더욱 반가운 일이다. 앞으로 더 많은 주유 회사들의 인식도 바뀌었으면 좋겠다.

거창하게 4차 산업혁명을 말하지 않아도 인공지능, 로봇 기술, 무인 시스템이 점점 발전해왔다는 건, 누구나 느낄 수 있을 것이다. 그런데다 코로나19로 인해 급물살을 타게 되면서 비대면, 무인 자동화 시스템으로 키오스크라는 무인 단말기는 이제 어디서나 흔하게 볼 수 있다. 나는 4차 산업혁명이나 키오스크 등에 대해 말하려는 게 아니고, 휠체어를 타

시련은 축복이었습니다

고 접하게 되는 무인 단말기 키오스크 이야기를 해보고 싶다.

예전부터 접할 수 있던 키오스크는 은행 현금 지급기 정도였다. 현금 지급기는 아직도 휠체어를 타고 이용을 하려면, 높이가 높기도 하고 글자나 숫자가 빛에 반사되어 잘 보이지가 않는다. 최근에는 장애인 사용자를 위해 높이를 조금 낮춘 지급기가 많아지긴 했다. 휠체어 장애인 개개인의 앉은키에 따라 불편함이 다를 수는 있지만, 앉은키가 작은 편인 나는 아직도 좀 불편하긴 하다.

▲ 현금 지급기. 높이를 낮춰도 빛에 반사되어 글자가 잘 안 보이기도 한다. ⓒ박혜정

현금 지급기 외에 최근에는 정보 안내, 예약, 이용 방법 등의 정보 제공이나 검색을 제공하는 것뿐만 아니라, 공과금 납부, 예약, 결제, 주문, 서류 발급 등등 우리 삶에 깊숙이 들어와 있고, 점점 더 그럴 것이다.

이젠 식당에 밥을 먹으러 가도 키오스크 주문을 해야 하고, 서류 하나 발급받는 것도 키오스크를 이용해야 한다. 그런데 휠체어를 타고 키오스크를 이용하기는 정말 힘든 부분이 많다.

▲ 영화관 팝콘 주문할 때 손이 안 닿고(사진 왼쪽),
식당 음식 주문할 때 글자가 안 보이고 손도 안 닿는다. ⓒ박혜정

우선 키오스크 기계 자체가 서 있는 비장애인의 높이에만 맞춰져 있기 때문이다. 현금 지급기보다도 훨씬 더 키가 큰 기계 앞에 서면, 휠체어를 타고는 또 다른 벽에 부딪히는 느낌이다.

도대체 터치하는 화면에 손조차 닿지 않는데다가, 화면의 글자나 숫자도 전혀 보이지 않는 경우가 많다. 물론 직원이 있다면 도움을 받으면 되지만, 그저 사소한 일인지 몰라도 휠체어 장애인에게는 사소하지 않은 좌절감을 준다.

시련은 축복이었습니다

▲ 서류 발급기. 글자가 아예 안 보인다. ⓒ박혜정

요즘은 무인 편의점도 꽤 많이 생기는 추세이다 보니 실제로 내가 겪은 일이 있다. 무인 편의점에 커피를 사러 갔는데, 문이 잠겨 있어서 설명을 읽어보니, 신용카드를 단말기에 대거나 꽂으면 문이 딸깍하고 열린다고 되어 있었다.

문제는 카드 단말기와 입구 문까지 거리가 약간 있는데다가 경사로로 올라가서 무거운 유리문을 열어야 했다. 휠체어 브레이크를 잠그고 카드 단말기에 카드를 읽힌 다음, 카드를 빼고 휠체어를 풀고, 내가 할 수 있는 최고 빠른 속도로 경사로를 올라 문까지 갔다.

하지만, 그사이 딸깍하고 열렸던 문은 다시 딸깍하고 닫혀버린 뒤였다. 정말 5초 만에 닫혀버리니 휠체어 타고는 불가능한 일이었다.

학교 안에 있던 편의점인데 이른 아침 출근 전 시간이라 지나가는 사

2장_시련이 나에게 새롭게 알려준 비밀들

람도 거의 없었고, 정말 당황스러웠다. 결국은 한참이나 곤혹을 치르고 있는데 다행히 지나가는 학생 한 명이 도와줘서 겨우 들어갈 수 있었다.

▲ 휠체어 장애인은
들어갈 수조차 없는
무인 편의점 ⓒ박혜정

이미 비대면 세상은 우리에게 익숙한 것이 되었고, 더욱 무인, 자동화, 인공지능, 로봇 등의 기술로 세상이 변화하고 있다. 내 생각에는 이런 변화에 장애인의 불편은 더 늘어날 게 많아 보인다. 타인의 물리적인 도움이 아무래도 필요한 장애인들은 무인, 자동화 시스템에 다가가기조차 힘든 상황이고, 도움을 요청할 수도 없기 때문이다.

높디높은 차가운 기계 앞에서 아무것도 할 수 없고, 이동 시간이 전혀 고려되지 않는 무인 시스템 앞에서 원하는 곳에 들어갈 수조차 없는, 사회적 배려 대상자들을 한 번이라도 생각해봤으면 좋겠다.

그리고 더 나아가 나의 작은 바람은 앞에 말한 셀프 주유소의 따뜻한 배려처럼, 키오스크에서도 높이 조절이라든가, '도움벨'이라든가 적절한 장애인에 대한 배려가 있다면, 다 함께 다 같이 잘 살 수 있는 세상이 되지 않을까 싶다.

시련은 축복이었습니다

08

/

타인에 대한 공감이 따뜻한 세상을 만든다

사람들은 자신의 일이 아니면, 타인의 사정은 알고 싶어 하지도 않는 것 같다. 굳이 타인의 사정을 속속들이 알 필요는 없지만, 개인주의가 만연한 사회가 되면서 공감 능력이 점점 더 없어지는 것 같다. 그러니 타인의 사정을 알게 되어도 대부분 공감하지 못한다. 내가 생각하기에 그 정도는 알 것 같은데도 타인의 공감을 불러일으키기는 무척 힘든 것 같다.

나는 추위는 별로 타지 않는데, 손이 굉장히 차가운 편이다. 특히 겨울이 되면 휠체어를 밀어야 하는 쇠로 된 휠 부분이 더욱 차갑고 손이 너무

2장_시련이 나에게 새롭게 알려준 비밀들

시려서 꼭 장갑을 낀다. 어느 날 아침에 엘리베이터에서 지인을 만났다. 장갑을 끼고 있는 나를 보고 그 사람이 "장갑을 끼셨네요~. 차 운전하는데 핸들이 너무 차가워서 손이 시리죠? 나도 혜정 씨처럼 장갑을 하나 사서 껴야겠네요!"라고 말을 했다. 내가 장갑을 끼는 이유를 자동차 운전하는데 핸들이 차갑기 때문이라고 생각할 줄은 몰랐다.

예전에 왼쪽 새끼발가락에 욕창이 생겨서 피부과를 간 적이 있었다. 피부과 의사에게 나는 하반신이 마비 상태이고 감각이 없다고 말했다. 그래서 발가락을 어디서 다쳤는지도 모르고 상처가 났는데, 욕창이 되었다고 설명을 했다.

그렇게 말을 했건만, 욕창 치료를 하는데 그 의사는 "따갑습니다, 조금만 참으세요~.", "안 아파요? 괜찮으세요?", "발가락 느낌이 어때요?"라고 자꾸 물어봤다. 나는 처음에는 '아무런 느낌 없어요.'라고 했다가 몇 번이나 물어봐서 약간 짜증이 났다. 그래서 "감각이 전혀 없어서 아픈 것도, 따가운 것도 아무것도 모른다니까요!"라고 신경질적으로 얘기해버렸다. 타인의 상황은 말을 해도 정말 공감이 안 되는 것일까?

[두산대백과 두피디아]에 따르면, 공감(共感)은 '대상을 알고 이해하거나, 대상이 느끼는 상황 또는 기분을 비슷하게 경험하는 심적 현상'이라고 한다. [네이버 영어사전]에 '공감'을 검색하면, 'sympathy'라는 단

시련은 축복이었습니다

어가 나온다. 'sympathy'는 정확히는 '동정, 연민'에 가까운 단어이다. 'empathy'라는 단어가 '특히 자기 경험에서 우러난 - 공감'이라는 말이다.

동정이나 연민, 'sympathy'라는 것은 타인의 고통과 슬픔을 같이 느끼지만, 혀를 끌끌 차며 '쯧쯧, 안됐네.'라고 대부분 안 좋은 감정을 표현하며 머리로 이해만 하고 끝나버린다. 하지만 공감, 'empathy'는 "남에 대해 이야기를 하려면 그 사람의 신발을 신고 일주일은 걸어보아야 한다."라고 슈익스가 말한 것처럼, 그 사람의 고통을 느끼는 것뿐 아니라, 타인의 마음속까지 충분히 짐작해보는 것이다. 그렇기에 이해하고 배려하는 행동까지 나올 수 있다고 생각한다.

코로나 상황 이전에 지인들과 청도 운문사를 간 적이 있다. 지인 중 한 명이 내 휠체어를 밀어주었다. 그런데 앞에 있는 조그만 턱을 나도, 그 사람도 보지 못하고 가다가 휠체어는 턱에 걸리고 내 몸만 앞으로 떨어지게 되었다. 놀란 나는 순간적으로 오른쪽 손을 땅에 짚었는데, 두 번째 손가락이 꺾이면서 좀 다치게 되었다. 다행히 다른 곳은 다친 데가 없었다. 하지만 오른손이 퉁퉁 붓고 너무 아팠고, 손을 못 쓰게 되니 너무 힘들었다.

다음 날 정형외과에 가서 엑스레이를 찍어보니 뼈는 이상이 없었고, 인대 손상과 염증이라고 하면서 손을 무조건 쓰지 말아야 한다고 의사가 말했다. 그래서 나는 그 의사에게 보다시피 휠체어를 타고 있어서 손을 안 쓰고는 생활을 할 수 없으니 더 빨리 나을 수 있는 다른 치료 방법을 물어봤다. 그런데 그 의사가 "손을 그렇게 쓸 일이 뭐가 있습니까? 일하시는 게 손을 엄청 많이 쓰는 일인가요?"라고 나한테 되물었다. 헉! 상황을 기껏 다 설명했는데도 그렇게 반응하는 의사의 말에 너무 당황스러웠다. 상세하게 일일이 설명하기도 뭣해서 그냥 물리치료라도 하게 해달라고 말하고 말았다.

그 뒤로 몇 번 물리치료를 하러 갔지만, 의사는 계속 위와 비슷한 말을 했다. 환자의 상태와 사정을 전혀 공감하지 못하는 의사에게 신뢰가 가지 않는 건 당연하다. 그런 의사에게 굳이 진료를 받고 싶은 마음이 들지 않았다. 그래서 그 병원은 다시는 가지 않았다.

나는 휠체어를 빼고 내리기 위해서 장애인 주차공간이 아니면 아예 타고 내릴 수가 없다. 그래서 그 차주에게 전화해서 휠체어를 타는 거 아니면 양보해달라고 정중하게 부탁한다. 전화를 받고 나오는 차주는 내가 겪은 바로는 대부분 나보다는 훨씬 경증의 장애인이거나 장애인의 보호자이거나(이런 경우는 주차하면 안 된다.) 아니면 아주 멀쩡한 사람이 나오기도 한다. 아무튼 흔쾌히 주차공간을 양보하면서 차를 빼주면 나도 그냥 별말 없이 감사하다고 한다.

그런데 한번은 장애인 주차공간이 없어서 어떻게 할지 몰라 차에 한참을 있었다. 마침 장애인 주차공간에서 차를 빼려고 멀쩡한 사람이 바쁘게 뛰어나오길래, 가족 중에 장애인이 있느냐고 물었다. 그랬더니 자기가 장애인이란다. 너무 의아하고 황당했다. 그래서 내가 휠체어를 타서 여기 아니면 타고 내릴 수가 없다고 구구절절 상황을 설명했다. 그러자 그 사람은 '나도 장애인이고 주차 가능 스티커를 받았으니 여기 주차할 권리가 있다. 그리고 나도 다리에 심을 3개나 박아서 멀리 주차하고 걸어오면 다리가 욱신거린다.'라고 말하는 것이다.

이 사람이 정말 힘든 상황일 수는 있다. 하지만, 장애인 주차장의 너비가 넓은 이유 – 휠체어를 차에 싣고 내리기 위해서 그 넓은 공간이 필요하다는 사실을 이해하지 못하는 것이다.(여기서 얘기할 건 아니지만, 우리나라의 법도 분명히 잘못되었다.) 아예 걸을 수 없어서 휠체어를 타는 사람은 장애인 주차공간이 없으면 차에서 내릴 수도, 탈 수도 없는 더 힘든 상황을 전혀 이해하지 못하는 것이다. 타인에 대한 공감 능력이 없다고 말할 수밖에 없다.

반면 타인에 대한 공감 능력이 뛰어난 사람은 상대방을 감동하게 한다. 어느 날 아침에 출근해서 차에서 휠체어를 빼고 내리는데, 예전 부서에서 같이 일하던 선생님이 지나가며 인사를 하셨다. 나도 반가워서 인사를 하고 차에서 휠체어로 타려는 순간이었다. 그런데 그 선생님은 계단을 올라가려다 말고 나에게 "리프트 이거 누르면 돼요? 쌤 바로 탈 수 있게 내가 눌러서 리프트 내려줄게요~."라고 했다. 순간 정말 감동이 밀려왔다.

계단 8칸 높이밖에 되지 않지만, 휠체어 리프트는 정말 시간이 너무 오래 걸린다. 그리고 버튼을 계속 누르고 있어야 하니 여간 번거로운 게 아니다. 어떻게 이분은 내가 제일 필요한 도움을 말하지도 않았는데 알 수 있을까? 정말 타인의 마음을 온전히 공감하지 않으면, 이 선생님처럼 행동할 수가 없다. 같은 부서에 있을 때도 이 선생님은 다른 사람이 업무든 직장 생활이든 힘들어하면, 자기 일처럼 나서서 도와주셨다. 그래서 정말 천사라는 평판이 자자했다. 당시에 나에게도 제일 따뜻하게 대해주신 분이었다.

아침 출근길, 이 선생님의 배려와 공감 능력 덕분에 하루를 너무 기분 좋게 시작할 수 있었다. 한참이 지난 일이지만, 지금 다시 그날을 생각해 봐도 이 선생님 같은 분이 있기에 세상이 너무 따뜻하다고 느낀다. 그 잠깐의 배려를 통해 내가 사는 세상이 핑크빛이라고 느껴지고 행복한 기운이 마음속에 가득 채워진다.

팔불출이라고 해도 어쩔 수 없다. 우리 남편은 단점이 수없이 많지만, 공감 능력 하나는 아주 큰 장점인 것 같다. 내가 억울한 일, 화나는 일이 있어서 저녁을 먹으며 씩씩거리며 얘기한다. 그러면 남편은 대부분 내 이야기를 끝까지 들으며 "아고~ 힘들었겠네!"라고 말해준다. 해결책을

시련은 축복이었습니다

제시하거나 누가 잘했고, 잘못했고 판단하지 않는다. 단지 내 말에 귀 기울여 주고, 힘들었겠다고 말해주는 것뿐이다. 그런데 신기하게도 남편의 별말이 아닌 위로에 나는 화가 풀리고 마음이 안정된다. 상대를 진정으로 공감하는 것은 희한한 힘을 가졌다.

"공감은 누군가를 심리적으로 포옹하는 것과 같다."라고 로렌스 J가 말했다. 타인에 대해 공감하기 위해서는 먼저 우리 주변 사람들에게 주의 깊은 관심을 가져야 할 것이다. 타인이 뭘 하든 관심도, 신경도 안 쓰는 사람은 바쁜 출근 시간에 절대 저런 행동을 할 수가 없기 때문이다. 그리고 타인을 마음으로 안아주려는 공감의 노력을 하다 보면, 세상은 훨씬 더 살기 좋은 곳이 될 것이다.

물론 나도 어쩌면 내가 힘든 부분, 나의 고통만 알지, 타인의 힘듦과 고통은 다 알지는 못한다. 그래도 나이가 들어가면서 '아휴~ 힘들겠구나. 쯧쯧쯧~.'이라고 머리로만 타인을 이해하는 능력이 아니라, 마음으로 하는 포옹과 배려, 공감을 더 가질 수 있었으면 좋겠다. 내 주변의 사람들에게 더 많은 관심을 갖고, 마음을 다해 이야기를 들어주고 함께 아파하고 함께 웃고, 서로 위해주며 살 수 있도록 나도 더 노력해야겠다.

3장

여행을 만나고 삶이 변하기 시작했다

01

/

처음으로 휠체어 탄 여자 혼자 떠난 홍콩 여행

수동휠체어를 타는 중증 장애 여성인 내가 온전히 혼자 아주 낯선 해외를 간다는 것은, 겁이 없는 나도 너무 망설여지고 두려운 일이었다. 휠체어를 타고 '혼자' 해외를 여행하는 게 나도 처음이었던 2004년이었기 때문이다.

또한, 지금처럼 수동휠체어 전동화키트(수동휠체어를 전동휠체어로 바꾸어주는 장치) 같은 것도 없었다. 그렇지만 너무 가고 싶은 마음에 '한번 가보자!'라고 생각했다. 생각이 들면 행동이 앞서는 나는 마카오, 홍콩으로 가는 항공권과 숙소를 덜컥 예약해버렸다. 항공권과 숙소를 예약하고 나니 걱정이 더 많이 되었다.

'만약 마카오 공항에 내렸는데, 그 어떤 교통수단으로도 휠체어가 전혀 이동할 수 없으면 어떡하지? 숙소까지 못 찾아가면 어떻게 하지? 사람들이 진짜 불친절하고 말이 안 통해서 도와주지 않으면 어쩌지?'라는 불안, 걱정, 두려움이 밀려왔다.

이렇게 걱정과 두려움이 있을 때 최악의 상황을 먼저 생각해보면, 그런 생각을 많이 떨쳐내고 용기를 낼 수 있다고 배웠다. 그래서 나도 홍콩과 마카오를 가서 전혀 여행을 못 하는 상황이라면, 그냥 공항이나 숙소에서 있다가 바로 돌아오면 된다고 최악의 상황을 생각했다. 그랬더니 조금 더 용기가 생겼다.

드디어 마카오에 도착했다. 홍콩으로 가는 페리 선착장으로 가는 버스를 타야 했다. 너무도 낯선 곳에서 철저히 혼자인 채, 영어도 못 하고 도움을 청하기가 너무 두려웠다. 입도 못 떼고 한참을 버스정류장 앞에서 4일 동안 지낼 짐을 휠체어 뒤에 매고 목에도 걸고 앉아 있었다. 정말 말이 나오지를 않았고, 너무 무서웠다. 한국에서는 선배 한 명이 날 업고, 또 한 명이 휠체어를 들고 딱 한 번 타본 대중 버스였다. 그런데 여기서는 어떻게 도움을 받아야 할지도 막막했다.

한 2~30분을 그러고 있었을까. 이대로 망설이며 계속 있을 수는 없다는 생각이 들었다. 그래서 철판을 깔고 아무나 보고 '헬프 미.'라고 조심

스레 말했다. 그리고는 보디랭귀지로 버스에 타는 시늉을 했다. 그랬더니 정말 다행히 근처에 있던 남자 두세 명이 나를 휠체어 채로 들어서 버스에 태워줬다. 덜덜거리는 버스에서 40~50분을 달려서 페리 선착장에 도착했다. 내릴 땐 어떻게 해야 하나 또 고민했는데, 드디어 운전기사도 나와서 도와주고, 곁에 있던 백인 외국인이 흔쾌히 도와주었다.

버스에서 내려서는 침사추이 MTR(지하철) 역을 찾아서 또 휠체어를 밀고 밀었다. 당시 7월 중순에 갔기 때문에, 온도가 33도 이상에 습도가 80%였다. 온몸을 휘감는 더위에 정말 너무 힘들었다. 하지만, 첫날이라 그래도 의욕에 불타서 몇 시간을 길을 찾아 짐이 가득한 휠체어를 밀고 왔던 것 같다. 오래 걸렸지만 어떻게든 숙소까지 찾아간 스스로가 너무 기특하고 대견했다. 내가 하고자 하면, 어떻게든 길이 열린다는 것도 그때 깨달았던 것 같다.

나는 쇼핑을 특별히 좋아하지 않아서 여행 가서 내 물건이나 지인들 선물을 잘 사지 않는 편이다. 그런데 홍콩이 정말 쇼핑 천국인 건지, 정말 싸고 좋은 게 너무 많이 보였다. 새롭고 좋은 게 많이 보이니 생각나는 사람들을 위해 이것저것 많이 사게 되었다. 그때는 뒤를 생각하지 못했다.

이제 멋진 펍들이 모여 있다는 란콰이퐁으로 가려고 버스를 물었더니 15C번 버스를 타라고 알려줬다. 버스를 기다려서 사람들의 도움을 받아기껏 탔더니, 운전기사가 란콰이퐁 안 간다며 막 짜증을 냈다. 그 운전기사는 영어도 잘 못했고 중국어로 아주 짜증스럽게 센트럴에서 내리라고 고함을 질렀다. 하는 수 없이 센트럴 역에서 내려 란콰이퐁으로 다시 휠체어를 밀고 갔다.

아니 이번엔 또 경사가 너무 심한 길이 펼쳐졌다. 뒤를 생각하지 않고 쇼핑한 짐도 많았고, 날씨가 덥고 습하니 목도 마르고 너무 힘들었다. 언덕의 중간쯤 가다 보니, 란콰이퐁에서 시원한 맥주 한잔이라도 할 수 있는 곳은 도무지 없어 보였다. 가게들이 모두 2층이거나 지하였고, 계단도 많아서 그냥 란콰이퐁은 가다가 포기를 하고 숙소로 돌아가려고 했다.

아침부터 너무 움직였더니 정말 힘들어 죽을 지경이었다. 란콰이퐁으로 갈 때부터 휠체어 뒤에는 커다란 짐을 두 개나 걸었고, 다리 앞에도 큰 가방에 작은 쇼핑백도 있어서 조그만 턱에도 짐이 떨어질까 잡고 넘어가야 했다. 내가 뭐 하러 싸다고, 이거 좋다고 쇼핑을 많이 했는지 스스로 원망스러울 정도였다. 땀도 뻘뻘 흘리고 진짜 너무 지쳐서 탈진할 것 같았다.

그래서 사람들에게 도와 달라고 말을 거니 거지 혹은 구걸하는 사람으로 쳐다보고는 몇 명이나 가버렸다. 15C 운전기사가 짜증을 낼 때도 서러웠고, 도움을 청해도 계속 거절을 당하는 내 꼴을 보니 정말 거지, 상

시련은 축복이었습니다

거지가 따로 없었다. 갑자기 너무 힘들고 서러워서 정말 왈칵 눈물이 쏟아졌다.

한참을 구석에서 혼자 울다 보니 '이렇게 계속 울고 앉아만 있으면 아무것도 할 수 없다.'라는 생각이 문득 들었다. 다시 마음을 다잡고, 지나가는 사람들에게 도움을 청해보자! 4박 5일을 잘 보내고 꿋꿋하게 하면, 분명히 나는 뭐든 할 수 있는 자신감이 생길 것이다. 오롯이 혼자 하는 이 여행, 철저히 혼자 모든 걸 감당하고 책임져야 하는 이 여행에서 끝까지 포기하지 말고 그래도 즐기고 많은 깨달음과 생각을 얻어야겠다고 다짐했다.

휠체어를 타고 여자 혼자 한 4일간의 여행은 그래도 너무 행복했다. 힘든 순간도 많았지만, 스스로가 기특할 정도로 꿋꿋하게 잘해냈다. 혼자 해냈다는 자신감과 혼자만의 자유를 즐기며 나 자신을 돌아보는 시간이 되었기 때문이다. 그러나 여행에서 우여곡절이 없을 수는 없었다. 집으로 돌아가는 마지막 날, 뭔가 일이 꼬이기 시작했다.

오후가 되어서 호텔에 맡겨놓은 짐을 찾고 마카오 공항으로 가기 위해 휠체어를 밀고 한 시간 만에 도착한 페리 선착장에는 마카오로 간다는 문구가 하나도 보이지 않았다. 안내 센터에 물어보니 여기는 마카오 가는 페리가 있는 곳이 아니란다. 차이나 페리 선착장으로 다시 한 30분은 휠체어를 밀고 가야 한단다. 힘이 빠졌지만, 다시 힘을 내어 휠체어를 밀었다. 캔튼로드(Canton Road)를 끝까지 가니 그제야 내가 왔던 페리 선착장이구나 알 수 있었다.

선착장에 올라가기 전에 리OO스 매장이 보여서 들어가 보니 스탠리마켓보다 훨씬 싸고 맘에 드는 청바지가 있었다. 한참을 고민 끝에 한 개를 샀다. 계산하고 나서 나오려는데, 내 다리 위에 얹혀 있던 디카가 없어진 걸 알게 되었다. 마비되어 감각이 없는 다리 위에서 떨어지는 줄도 몰랐던 건지, 아니면 누가 훔쳐 간 건지 알 수가 없었다. 그 순간 나는 눈앞이 캄캄했다. "I lost my digital camera!"를 외치며 울음을 터트렸다. 혼자 뿌듯하고 꿋꿋하게 했던 내 멋진 홍콩 여행이 모조리 사라지는 느낌이었다.

울면서 리OO스 매장에 큰 짐은 맡겨놓고, 왔던 길을 되돌아갔다. 침사추이 K 출구부터 앞에 갔던 페리 선착장, 캔튼 로드를 정말 미친 듯이 돌아보았다. 주변의 호텔 벨보이들을 붙잡고 디지털카메라 못 봤냐고 물어봤다. 경찰서나 분실물 센터도 물어보니 다 멀리 있다고 했다.

한참 그렇게 찾아 헤매며 절망감에 쌓였다. 그런데 시간을 보니 더 늦으면 비행기마저 놓칠 것 같았다. 어쩌면 작은 걸 잃고 찾으려다 더 큰 걸 잃을지 모르는 상황이었다. 눈물을 닦고 포기하기로 마음을 먹고 돌아섰다. 긍정적으로 생각하기로 했다.

그런데 차이나 페리 선착장으로 올라가니 왠지 썰렁했다. 마카오로 가

시련은 축복이었습니다

는 마지막 페리가 9시에 떠나버린 뒤였다. 그때가 9시 20분이었다. 하아
~ 괜히 청바지를 산다고 보낸 시간과 디카를 찾아 헤맨 시간이 너무 부
질없었다. 나 자신이 너무 한심하고 원망스러웠다.

완전 힘이 쫙 빠지고 그대로 주저앉고 싶었다. 내 수중에는 MTR카드
달랑 하나랑 신용카드 말고는 없었다. 게다가 남은 돈은 고작 1달러 30센
트뿐이었다. 나는 사실 이번 여행을 하며 택시를 타지 않기로 다짐했었
다. 그래서 나흘 동안 택시도 안 타고 땀을 뻘뻘 흘리며 휠체어 밀고 버
스 타고 MTR 타고 다녔다. 심지어 먹을 것도 아꼈던 내 다짐이 무너지는
듯했지만, 정말 어쩔 수 없었다.

방법을 고민해도 답은 없었고, 결국은 현금서비스를 받아서 택시를 타
기로 마음을 먹었다. 택시를 타도 늦을지 모르는 상황이었다. 현금서비
스를 찾고 나니 시간은 10시를 향해 가고 있었다. 비행기 시간은 12시 55
분이었다.

공항에 들어서니 12시가 조금 넘어서였다. 안도의 한숨을 내쉬었는데,
이게 우여곡절의 끝이 아니었다. 12시 55분 에어마카오 비행기가 지연되
어서 2시 45분발 비행기에 탑승했다. 그런데 한 시간이 지나도 출발하지
않았고, 시간이 더 지나서 방송이 나왔다. 관제탑 사람들이 퇴근했단다.
정말 어이가 없었다. 5시 이후에 비행기가 뜰 수 있다고 내려야 했다. 드
디어 6시 45분에 출발을 한다고 방송이 나왔다. 이젠 제대로 출발하기를
간절히 빌었다.

휠체어를 타고 중증 장애인인 여자 혼자, 처음으로 했던 홍콩 여행. 정말 힘들었고 험난한 여정이었다. 생전 처음으로 거지 취급을 받기도 했다. 땀을 뻘뻘 흘리며 짐이 가득한 채로 휠체어를 그렇게 많이 밀어본 것도 처음이었다. 정말 너무 힘든 순간이 많았다. 영어로 소통이 서로 안 되어서 손짓 발짓을 해가며 난감한 일도 많았다. 게다가 마지막 날은 여행의 모든 것이 담겨 있던 소중한 디카를 잃어버리기도 했다.

그렇지만 그때 여행으로 나는 얻은 게 훨씬 많다. 20대 중반, 엄청나게 방황하던 시절의 나는 이 여행을 통해 나 자신과 내가 나아가야 할 길을 찾게 되었다. 또, 휠체어를 타는 내가 무엇이든 할 수 있다는 자신감과 스스로에 대한 확신을 분명히 얻게 되었다. 그 확신과 자신감으로 나는 더욱 힘차고 당당하게 살 수 있었다. 처음 큰 용기를 내어 도전했던 홍콩 여행 덕에 더 멋지고 행복한 지금의 내가 있다고 믿는다.

시련은 축복이었습니다

02
/
나홀로 대만 여행, 친구를 사귀다

2005년 2월에 친구, 친구 동생, 나, 내 동생 이렇게 4명이 중국 북경을 가기로 하고 여행을 준비했었다. 여행 준비는 각자 나눠서 하기로 했다. 두 명의 동생들에게는 북경의 관광지를 찾아보고 일정을 세워보라고 했다. 나는 비행기와 숙소를 알아보기로 했고, 친구는 여권, 비자, 기타 여행에 필요한 준비물을 체크하기로 했다.

그런데 여행을 가기로 한 일주일 전쯤, 친구가 중국 비자를 준비하지 않은 걸 알게 되었다. 친구는 중국도 우리나라랑 90일 면제가 되는 비자 협정이 맺어져 있어서 비자가 필요하지 않은 줄 알았다고 했다. 비자에 대해서는 생각도 못 했단다. 내가 4명의 여권과 비자를 취합해서 항공권을 발권하려고 보니 비자를 발급받지 않아서 중국은 갈 수가 없게 되어버렸다. 기껏 마음먹은 여행의 기회를 나는 이대로 날려버릴 수가 없었다.

궁리 끝에 할 수 없이 비자가 필요하지 않은 대만으로 목적지를 바꾸고, 부랴부랴 대만의 대략적인 정보만 찾아보았다. 그리고는 항공권만 발권해서 무작정 대만으로 가게 되었다. 그래서 대만에 도착한 첫째 날의 반나절 이상은 숙소를 구하는 데 시간을 보냈다. 유스호스텔에서 지내보려고 찾아갔더니 휠체어를 타는 내가 사용하기는 힘든 화장실과 샤워실이었다. 거기서는 도저히 4일을 지낼 수가 없었다.

어떻게 해야 할지 막막하던 순간에 유스호스텔의 직원인 Kind라는 사람이 이름처럼 너무 친절하게 다른 숙소를 알아봐주었다. 우리는 그가 알려준 덕분에 Keyman's Hotel로 가게 되었다. 이 호텔은 가격도 저렴했고, 장애인 편의시설이 그럭저럭 잘 갖춰져 있어서 며칠을 지내기에 불편함이 없었다.

그렇게 시작되었던 2월의 대만 여행은 이상하리만큼 비가 많이 왔었다. 우리나라보다 훨씬 따뜻한 나라임에도 불구하고, 이상 기온으로 영상 10도 이하로 추운 날이 계속이었다. 그래서 대만의 노숙자들이 얼어죽었다는 뉴스가 나오는 것도 보았다. 영상 10도 이하라 해도 영상 온도

시련은 축복이었습니다

인데, 연중 따뜻한 나라 사람들은 그 기온에 얼어 죽을 수도 있다는 생각에 놀랐다. 정말 인간은 환경에 적응하는 동물이라는 게 새삼 느껴졌다.

그때의 대만 여행에서 가장 힘들었던 것은 음식이었다. 많이 먹지는 못해도 가리는 것 없이 뭐든 다 먹을 수 있는 나이지만, 향이 강한 음식은 별로 좋아하지 않는다. 그래서 향신료 맛과 향이 가득한 중국 음식은 나한테 정말 맞지 않았다. 전 세계 체인인 햄버거나 피자는 괜찮을까 싶어서 먹었지만, 역시 똑같은 대만 맛이 났다. 향신료 가득한 맛이 나는 그 어떤 음식이든 먹을 수가 없어서 음료수와 과일만 4일 내내 먹었던 기억이 난다.

친구와 동생들과 나는 무계획으로 와서 숙소를 찾고, 즉흥적으로 여행을 다녔다. 갑자기 Shintou의 노천 온천에 가자고 해서 무작정 가기도 했다. 얼굴에는 빗방울이 떨어져서 차갑고, 몸은 뜨끈한 신선이 된 기분을 느꼈다. 야시장에 가서는 시장 상인과 흥정하는데 재밌는 실랑이를 벌이기도 했다.

원래 중국으로 가려던 계획이 틀어졌을 때, 여행 자체를 포기하려고 했었다. 하지만 그래도 대만으로 여행지를 바꿔서 어떻게든 여행한 게 다행이라 생각한다. 여행 초보였던 우리가 만약 그때 가지 않았다면, 처음으로 갔던 오래전의 대만 여행에서 그 어떤 추억도 없고 무엇도 배우고 느끼지 못했을 것이다.

그 뒤 10월에 대만을 또 한 번 갈 기회가 생겼다. 아니 그냥 내 마음대로 갈 구실을 만들었다는 게 맞겠다. 휠체어 배드민턴을 운동 삼아, 취미 삼아 2003년부터 하게 되었는데, 대만에서 휠체어 배드민턴 국제대회가 열린다는 것이었다.

나는 국가대표가 될 실력도 안 되었지만, 우리 동호회에서 2명이 국가대표로 나간다고 했다. 나도 따라가면 안 되냐고 했더니 공식적인 일정에 끼워서 같이 갈 수는 없고, 정 오고 싶으면 나보고 따로 비행기와 숙소를 끊고 오든지 알아서 하라고 했다. 까짓것 그것 하나 못 할까 봐? 난 약간의 오기와 즉흥적인 여행 지름신으로 무작정 티켓을 끊었다.

국가대표 선수와 코치, 감독들은 인천에서 가는 일정이었고, 나는 혼자 김해에서 가는 비행기를 타고 따로 갔다. 타이페이 공항에 내려서도 나 혼자 국제대회가 열리는 체육관으로 물어서 어찌 찾아갔다. 심각한 길치와 방향치인 내가 어떻게 그리 용감하게 잘 찾아갔는지 지금도 의문이다. 도착한 첫날은 체육관을 찾아가서 우리나라 선수들을 열심히 응원했고, 시합이 끝난 뒤 저녁을 같이 먹고 나는 나홀로 여행을 하기 위해 우리나라 선수들에게 작별 인사를 했다.

다음 날부터는 혼자 여행이 시작되었다. 2월에 친구와 동생들과 왔던 곳이 아닌 다른 곳들을 찾아다녔다. 용산사로 가기 위해 지하철을 탔던

시련은 축복이었습니다

나는 휠체어를 타고 있는 대만의 한 여성 장애인을 보았다. 말을 걸어볼까? 약간 망설이고 있는 찰나, 그쪽에서 먼저 말을 걸어왔다.

중국어로 쏼라쏼라…. 알아들을 수 없어서 "아이 돈 노."라고 웃으며 내가 영어로 얘기하자, 그 여자 분이 "아~." 하며 난감하다는 표정을 지었다. 그러면서 "재팬?"이라고 묻길래 "노, 코리안."이라 대답하고, 나는 그때 가지고 있던 전자사전을 급하게 펼쳐서 찾아보기도 하고, 그분에게 보여주기도 하며 우리는 짧은 영어와 온갖 보디랭귀지를 동원해 대화를 이어갔다. 그 여자분의 이름을 한자로 적어 보여줬는데, 한자는 모르겠고, 그냥 루시(Lucy)라고 부르라고 했다.

▲ 타이페이 지하철 안에서 만난 대만 장애인 루시와 친구가 되었다. ⓒ박혜정

루시는 참 마음이 열려 있는 사람인 것 같았고, 웃는 인상이 순박하고 너무 착해 보였다. 대화가 원활하지는 않았지만, 신기하게도 우리는 얘기가 참 잘 통하는 듯했다. 내가 혼자 여행 온 걸 알고, 얘기하다가 내가

바다에 가고 싶다고 이야기를 하니, 루시는 자기 집에 같이 가서 밥을 먹고 바닷가에 나를 데리고 가주겠다고 했다.

나는 루시 집에 따라갔고, 진한 국물에 고기와 국수가 있는 우육면을 줬는데, 대만 맛이 나긴 했지만 이렇게 초대를 해주고 식사까지 차려준 성의가 너무 고마워서 억지로 맛있는 듯 먹었다. 먹고 나서는 루시가 가자는 대로 따라갔다.

사실 그 바닷가가 어디인지 지금도 정확히 잘 모르겠지만, 지하철을 타고 한 40분 넘게 갔던 걸로 기억한다. 사진을 찾아보니 타이페이 북서부에 있는 단수이였던 것 같다. 그 바닷가에 가서 루시와 좀 둘러보고 있으니 루시가 연락을 해서 또 다른 남성 장애인 한 분이 왔다. 그 남자분은 명함을 줬는데, 대만척수장애인협회 이사였다.

▲ 루시가 만나게 해준 대만의 척수장애인협회 이사님 ⓒ박혜정

시련은 축복이었습니다

나도 척수장애인이라 더 반가웠던 것 같고, 우연히 만났지만 이것도 소중한 인연으로 기억되는 만남을 가졌다. 전동휠체어 둘, 수동휠체어 하나인 우리는 바닷가를 이리저리 다니며, 군것질도 하고 재밌는 오후 시간을 보냈다. 루시는 저녁이 되기 전에 나를 타이페이 역으로 데려다 줬고, 우리는 연락처를 주고받고 아쉬운 이별을 했다.

홍콩에 이어 대만으로의 나홀로 여행을 해보면서 비장애인들은 아무 것도 아니겠지만, 계단이나 턱이 있는 가게에 들어가서 뭐라도 하나 사 려고 하면 손이 닿지 않는 문을 열기 위해 손을 뻗는 것부터가 나에게는 도전이다. 안 되면 지나가는 사람 아무에게 말을 걸어 도와달라고 해야 한다.

버스나 지하철을 한 번 타기 위해서도 용기를 내어 아무한테 '도와주세 요!'라고 말을 해야 한다. 부끄럽고 겁이 나서 가만히 아무것도 안 하고 있으면 어느 누구도 먼저 도와주지 않기 때문이다.

혼자 하는 여행은 휠체어를 타고 만나게 되는 환경의 장벽들을 나 혼 자 어떻게든 해결해 나가야 하는 과정이었다. 그런 작지만 새로운 도전 을 하나씩 해보면서 자신감이 조금씩 쌓여가는 시간이었다. 나 스스로에 대한 대견함이 더해지면서 자존감은 점점 올라갔다. 혼자 하는 여행을 통해 나 자신을 더 아끼고 사랑하게 되었다. 별거 아닌 여행이었지만 나 는 너무 자유로웠고 행복했다.

03

/

한국인의 정을 더 느낀 뉴욕 생활

미국 뉴욕은 너무나 친절한 사람들로 가득하다. 누구나 내가 휠체어를 타고 문 앞에서 1~2초만 서성여도 '문을 열어줄까요?'라고 물어본다. 꼭 장애인이 아니어도 짐을 많이 들고만 있어도 누군가 문을 열어주며 도움을 준다.

그리고 내가 버스를 타려고 하면, 운전기사 아저씨가 휠체어 리프트를 내리고 직접 나와서 나를 도와준다. 좌석 두 개를 접고 휠체어를 고정하는 데까지 적어도 5~10분 정도는 걸린다. 그러면 버스를 타려는 승객들도 기다리고, 버스에 이미 타 있는 승객들도 불평하지 않고 기다린다. 당

시에 우리나라에서는 전혀 겪어보지 못한 상황이라 미국 사람들의 선진
국 의식이 너무 부러웠다.

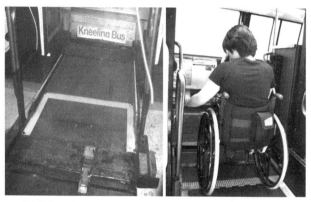

▲ 휠체어를 타고 뉴욕 맨하튼의 버스를 탑승하는 모습. ⓒ박혜정

거리에서 마주치거나 엘리베이터에서 만나는 누구나 눈만 마주치면
웃으며 인사를 한다. 나는 처음에는 너무 어색해서 고개만 숙였다. 그렇
지만 그런 인사에 익숙해지니 삭막한 사회에서 모르는 누군가와 웃으며
인사하는 것만으로 기분이 좋아지는 걸 느꼈다. 미국은 정말 친절한 사
람들 천지인 나라 같았다.

하지만 그 이상의 힘이 드는 일은 대부분 돈에 의해 움직인다. 짐을 옮
겨야 할 때, 택시에서 짐을 내릴 때, 눈이 와서 차를 밀어야 할 때, 자신
의 일을 멈추고 내 일을 도와줘야 할 때 등은 모두 팁을 받아야 한다. 팁
을 받지 않으면 줄 때까지 기다리고 가지 않는다.

내가 JFK 공항에 내렸을 때, 1년 이상을 생각하고 온 짐이라 워낙 커서 옮기기가 너무 힘들었다. 어떻게 옮겨야 하나 고민을 하고 있었다. 그런데 공항 수화물 찾는 곳에서 도와 달라고 하지 않았는데도 어떤 남자가 택시 승강장까지 도와줬다. 너무 고마웠다.

마침 뉴저지에 사는 사촌 형부가 마중을 나와 있었다. 그래서 내가 형부의 차를 타려고 하자 그 사람은 미동도 하지 않고 서 있었다. 언뜻 팁을 줘야 되는구나 생각이 들었다. 그런데 얼마를 줘야 할지 몰라서 그냥 3$를 줬다. 그래도 그 남자는 가지 않고 그대로 서 있었다. 형부가 10$를 주니까 땡큐! 하며 그 남자가 가는 거다. 팁 문화가 익숙하지 않아서 그랬지만, 전혀 적응이 되지 않았다.

또 한 번은 뉴저지에 사는 사촌 형부, 내 동생과 나는 형부 집에 가기 위해 역까지 가는 택시를 잡았다. 그런데 그 택시가 휠체어가 트렁크에 들어가지 않는다며 갈 수 없다고 했다. 그래서 다른 택시를 기다리고 있는데, 그 택시는 와서 나를 보고도 가겠다고 했다. 택시를 타고 역에 다 왔을 때, 완전 미국인 사고방식인 형부는 요금도 주고 팁을 20$나 주는 것을 봤다.

사촌 언니와 형부 집에서 주말 동안 머물렀는데, 눈이 갑자기 엄청나게 많이 왔다. 그래도 월요일은 어학원을 가야 하니 내가 지내던 YMCA

숙소로 왔다. 눈이 많이 와서 좀 걱정되긴 했지만, 무사히 숙소에는 잘 도착했다. 내가 차에서 내리고 숙소로 들어와서 짐을 풀어놓고 형부를 배웅하기 위해 밖으로 나왔다. 그런데 주차해 놓았던 형부의 차가 눈에 빠져서 앞으로 나가질 않는 것이다.

형부 혼자 눈을 치우며 애를 쓰고 있었다. 그런데 그걸 보던 건물 경비원이 함께 차를 빼기 위해 눈을 치우고 차를 미는 걸 도와줬다. 분명히 형부가 도와달라고 한 게 아니라 경비원이 자발적으로 옆에서 보다가 도와준 것이었다.

한참을 함께 하다가 차가 빠지자 형부는 그에게 또 돈을 줬다. 너무 놀랐다. 모든 게 돈이었다. 형부만 그런가 했는데, 다른 사람들도 주차장에서 차를 앞쪽으로 조금 빼는 것도 팁을 줬다. 정말 모든 게 돈이었다.

▲ 2주간 임시로 살던 YMCA 숙소(왼쪽)와 룸메이트로 들어가 살게 된
뉴욕의 작은 아파트(오른쪽) ⓒ박혜정

2주 동안 YMCA 기숙사에서 임시로 지내며 앞으로 뉴욕에서 살 집을 계속 발품을 팔아 알아봤다. 드디어 작은 아파트에 룸메이트로 들어가게

되었다. 들어갈 아파트에 침대가 없어서 침대를 중고로 하나 샀다. 그 침대를 옮겨 주는 배달 차를 불렀다. 다행히 그 배달 차 아저씨가 한국인이어서 말이 통하니 부탁도 몇 가지 했다. 여러모로 고맙게 해주셨다.

그런데 말끝마다 "아가씨가 팁을 많이 주겠지."라면서 부탁한 일을 해주었다. 난 가지고 간 돈이 여유가 없었기 때문에, 결국 내가 생각했던 팁밖에는 줄 수 없었다. 그리고 그 아저씨가 고맙게 해줬던 일들이 하나도 고맙지 않게 느껴졌다.

게다가 함께 침대 옮기는 걸 도와줬던 아파트의 경비원도 팁을 요구하는 듯 근처에서 계속 서성거렸다. 그런데 옆에 있던 그 배달 차 아저씨가 팁을 줘야 아가씨가 살면서 편할 것이라고 말하는 거다. 하는 수없이, 결국 경비원에게도 팁을 줄 수밖에 없었다. 그러자 경비원도 그제야 웃었다.

팁 문화도 적응이 잘 안 되지만, 돈에 의해 움직이는 사람들이 너무나 나에게는 당황스러웠다. 그런 부분이 진심으로 고마운 마음까지 없어지게 만드는 것 같다. 그들의 문화를 존중해야겠지만, 처음 뉴욕에 와서 나는 미국이라는 곳이 참 정이 안 간다는 생각이 들었다.

시련은 축복이었습니다

▲ 친절하지만 정이 없는 미국인들 사이에서 나는 이방인일 수밖에 없었다. ⓒ박혜정

이후에 계속 지내며 미국 사람들을 겪어 보니 정말 모두 너무 친절하고, 대부분 마음이 열려 있어서 친해지기도 쉬웠다. 하지만 그래도 뭔가 허전한 느낌이 드는 건 왜인지 모르겠다. 곰곰이 생각해보니 미국 사람에게는 한국인의 정이 느껴지지 않는다는 것이었다.

너무나 친절하지만, 마음을 나눌 수 있는 친구 그리고 가족같이 대해주는 사람은 단 한 명도 없었다. 더 오랜 시간이 지나 마음을 나눌 만한 사람이 생겼을지는 모르겠지만, 한국 사람만큼의 정을 느낄 수 있는 사람은 어디에서도 만날 수 없었다.

부산에서 김해로 처음 독립을 하고 아무도 모르고 지낼 때도 이런 허전한 느낌은 아니었다. 나라만 다를 뿐, 내가 처음 만나는 사람들이었지만, 내가 느끼는 정은 극과 극이었다.

김해 장유의 한 아파트에 이사 후, 차를 주차하고 트렁크에서 짐을 내리고 있었다. 그때, 아파트 3층에서 빨래를 널다가 나를 보고 도와주러 내려온 아줌마가 있었다. 또한 나를 정말 친딸같이 대해주셨던 경비 아저씨도 있었다. 아파트 입구의 슈퍼에 가면 늘 따뜻한 말을 해주시던 슈퍼 아줌마는 정말 친이모 같았다.

그리고 나에게 자주 안부를 물으며 친동생처럼 대해줬던 언니도 있었다. 휠체어 배드민턴이라는 운동으로 알게 된 분들은 정말 친오빠 이상으로 따뜻하게 대해주는 진심이 있었다. 미국 사람들에게서는 전혀 느껴볼 수 없었던 한국인의 정이었다.

문을 열어주는 친절은 누구나 있지만, 한국에서 느꼈던 사람들의 따뜻함과 정은 전혀 느낄 수 없었다. 자신의 임무 안에서 최대한 친절하게 대하지만, 그 이상은 전혀 절대 관심도 없는 반쪽짜리 따뜻함보다 서로 간에 진심으로 정을 주고받는 세상이 되었으면 좋겠다. 영어에는 단어조차 없는 '정(情)'이라는 푸근하고 따뜻한 감정을 세상 많은 사람이 느껴보면 좋을 것 같다. 누구나 힘들고 외로운 시대인 요즘, 한국인의 정이 세계 곳곳에 전파되어서 더 많은 사람이 진심으로 정을 나누는 따뜻한 세상이 되길 희망해본다.

시련은 축복이었습니다

04

/

세상은 너무 좁다, 독일에서 만난 선생님

지금까지 나는 휠체어를 타고 24번의 해외여행으로 20개국을 여행했다. 20개국 중 9개국은 유럽의 나라를 여행한 것이다. 여행에 늘 목말라 있던 나는 엄마가 성당 사람들과 유럽 성지순례를 간다고 하셔서 얼른 따라가겠다고 했다. 유럽을 너무 가고 싶었지만, 20대 시절 나는 유럽 여행을 갈 수 있는 돈이 없었기 때문이다. 엄마는 유럽 성지순례를 갔다 오면 내가 성당을 다시 다니길 바라는 마음으로 같이 가자고 하셨다.

그렇게 보름 동안의 유럽 여행이 시작되었다. 유럽 여행의 첫 도착지는 독일이었다. 유럽은 도착해서 보니 내가 여행 다녀본 곳들과는 전혀 다른 느낌이었다. 미주 지역, 아시아 지역만 주로 여행 다닌 나는 유럽의 완전 색다른 분위기에 매료되었다. TV에서만 보던 유럽풍, 유럽 느낌을 직접 보니 신비롭기까지 했다.

독일에서 유명한 노이슈반스타인 성을 갔을 때였다. 〈위키백과〉에 따르면, 노이슈반슈타인성은 바이에른의 왕 루트비히 2세가 지은 로마네스크 양식의 성이다. '신 백조석성(新白鳥石城)', 새로운 백조의 돌로 만든 성이라는 의미이다. 1886년에 루트비히 2세가 죽기 전까지 왕의 궁전으로 쓰일 용도로 지어졌으며, 그가 죽은 지 얼마 되지 않아 대중들에게 개방되었다. 매년 130만 명에 달하는 관광객들이 이 성을 찾아오며, 특히 여름에는 거의 매일 6,000여 명이 이 성을 관람한다고 한다.

▲ 내가 찍은 노이슈반스타인 성 ⓒ박혜정

시련은 축복이었습니다

나 역시 노이슈반스타인 성을 보니 푸르고 아름다운 자연 속에 있는 중세 시대의 성이 너무 멋지다고 생각했다. 성 앞에 서니 웅장하고 경건한 마음까지 들었다. 알프스 산자락에 산과 호수로 둘러싸인 동화 속의 궁전, 백조의 성은 성도 멋있었지만, 주변의 자연경관이 너무 환상적으로 아름다웠다. 낭만적인 이 성을 본떠 만든 게 디즈니랜드의 성이라고 한다. 독일의 아름다운 문화유산인 노이슈반스타인 성을 나는 동화 속 주인공이 된 듯 둘러보았다.

그리고 나서는 노이슈반스타인 성이 제일 잘 보인다는 마리엔 다리에 갔다. 마리엔 다리에서 보이는 노이슈반스타인 성과 그림 같은 풍경을 바라보며 계속 감탄했다. 사진을 연신 찍으며 경치를 구경하고 있었다.

바로 그때, 누군가가 "혜정아!"라고 불렀다. 잘못 들은 줄 알았다. 그리고 분명히 엄마 목소리는 아니었다. 누구지? 한국도 아닌 독일에서 내 이름이 불리니 순간 당황스럽기까지 했다. 돌아보니 놀랍게도 초등학교 1학년 때 담임 선생님이셨다!!!

초등학교 1학년 때는 엄마가 1학년의 다른 반 담임이어서 엄마를 따라 선생님들 모임에 가기도 했고, 선생님을 많이 도와 드렸다. 그렇다 보니 나는 선생님을 보자마자 얼굴과 이름이 기억이 났다. 우와! 그런데 이런 우연이 있을까? 독일의 마리엔 다리에서 박OO 선생님을 만날 줄이야!

3장_여행을 만나고 삶이 변하기 시작했다

▲ 22년 전 초등학교 1학년 담임선생님을 독일 마리엔 다리에서 만나다니!!! ⓒ박혜정

선생님이 내가 다친 소식은 아마도 엄마를 통해서 들으셨을 것이다. 하지만 우연히 독일에서 나를 먼저 알아보신 것도 놀라운 일이었다. 나도 선생님을 뵙자마자 어릴 적 기억이 나고 선생님 얼굴을 바로 알아볼 수 있는 것도 신기할 뿐이었다. 무려 22년 만에 만났지만, 독일에서 선생님을 뵈니 너무나 반가웠다. 엄마도 선생님을 한국, 부산에서도 거의 못 만나셨다고 했다. 특히, 나는 1학년 이후에 선생님이 전근 가시고는 본 적이 없었다. 그런데 독일에서 만나다니!

정말 우연과 인연이 신기할 뿐이었다. 세상이 좁다는 말이 새삼 더 느껴지는 일이었다. 내가 열심히 살아야 하는 이유이기도 한 것 같다. 왜냐면 어이없게, 놀랍게, 상상도 못 했던 곳에서 내가 과거에 알던 사람을 만나게 된다면, 그래도 열심히 살아온 내 모습이어야 하지 않을까?

시련은 축복이었습니다

당시의 나는 그렇게 멋지게 보이지는 않았을 것 같지만, 내가 생각하기에 적어도 부끄럽지는 않은 모습이었다. 그동안 불의의 사고로 장애인이 되었지만, 나름대로 열심히 살아왔기 때문이다. 예기치 못한 모습으로 어디서든 만나게 되면, 스스로가 부끄럽지 않은 모습이 되도록 노력해야 할 것 같았다.

초등학교 시절, 나는 장래 희망이 몇 가지 있었다. 아름다운 모습으로 사람들 앞에서 또박또박 말하는 아나운서가 너무 멋있어 보였다. TV에서 어려운 뉴스를 유창하게 말하는 것도 너무 멋있었다. 그래서 아나운서가 되고 싶었다. 그리고 어른들이 이상적인 직업이라고 말하는 의사 선생님도 하고 싶었다. 흰 가운을 입고 아픈 사람을 낫게 할 수 있다는 게 아주 보람되고 멋지게 느껴졌다. 또 학교 선생님이었던 엄마의 영향을 받아서인지, 학교 선생님도 되고 싶었다. 아이들을 가르치는 일도 재미있고 보람이 있을 것 같았다.

여러 가지 꿈이 있었지만, 고등학교의 사고로 어릴 때의 꿈은 좌절된 것만 같았다. 내가 다친 1994년 당시는 휠체어를 타고 아나운서가 되는 것은 상상할 수가 없었다. 그 뒤 1997년에 내가 대학 입학을 할 당시는, 교대나 의대에 휠체어를 타는 장애인은 입학조차 받아주지 않던 때였다. 무려 26~9년 전이니까 말이다.

나도 어릴 적 꿈들은 잊고 살았다. 그렇지만 나의 상황에서 내가 할 수 있는 일들을 열심히 하며 장애에도 굴하지 않고 최선을 다해 살았다. 힘이 들어도 다시 오뚝이처럼 일어나 꿋꿋하게 살아왔다고 생각한다.

그러다 나이가 들어서 친구들을 우연히 만나게 되었다. 내가 꿈꿨던 선생님이 된 친구들이 많았다. 친했던 친구들 중에 열심히 공부해서 의사가 된 친구들의 소식도 많이 들렸다. 내가 하고 싶었던 아나운서가 된 친구도 있었다.

내가 하지 못한 것을 이룬 친구들이 부럽기도 했다. 내가 다치지 않고 친구들과 똑같이 공부했더라도 내가 원하던 꿈을 이루었을지는 모르는 일이지만 말이다. 마냥 하지 못한 것에 대한 갈망일 뿐이었다.

그런데 아니나 다를까. 세상은 정말 좁고, 만날 사람은 만나게 되어 있나 보다. 멋진 모습의 친구들을 예기치 못한 상황에서 만날 때가 있었다. 영화를 보러 갔다가 우연히 마주친 친구는 선생님이 되어 있었다. 아이들의 옷을 사러 간 쇼핑몰에서는 의사가 된 친구를 우연히 만났다. 친구들이 무슨 말을 하지 않았는데도 스스로 위축되어서 괜히 사회적인 격이 느껴지는 듯 혼자 주눅이 들기도 했다.

육아 우울증을 심하게 겪으며 나는 도움이 될 만한 온갖 강의를 들으러 다닐 때였다. 원래도 화장이나 옷에 관심이 없는 나이지만, 그때는 더더욱 펑퍼짐한 티셔츠에 머리는 질끈 묶고 어두운 모습으로 다녔었다.

시련은 축복이었습니다

강의를 들으러 가서 늘 맨 구석에 휠체어 채로 앉아서 조용히 있었다.

그런데 앞에서 단아하고 아름다운 모습으로 강의 진행을 하는 사람이 있었다. 한눈에 봐도 어릴 적 꿈이었던 아나운서가 된 내 친구였다. 나는 초라해지지 않으려 했지만, 내가 너무 작아지는 느낌이었다. 심지어 친구가 아는 척하지 말길 속으로 빌었을 정도로 자신감이 없었다.

그렇게 자신감이 없었던 내가 그 뒤로 그래도 우울증을 조금씩 회복해 갔다. 몇 번의 여행을 통해, 배움을 통해, 독서를 통해 내가 자신감을 회복할 수 있는 나만의 방법으로 내 마음이 편안해지기 시작했다. 남들과 비교하지 말고, 내가 할 수 있는 것만 하면 되는 거였다.

정작 내가 누구보다 자신 있고 당당한 사람이란 걸 잊고 있었다. 김수현이 쓴 『나는 나로 살기로 했다』라는 책에서 "부러워서 진 게 아니라 네가 가진 걸 잊어서 진 거야!"라는 말이 딱 들어맞았다.

당시에 육아휴직 중이었지만, 나도 좋은 직장이 있고, 나와 아이들만 생각해주는 멋진 남편도 있다는 생각이 들었다. 또 너무 예쁜 우리 아이들의 엄마인 나는 주눅들 필요가 전혀 없었다. 게다가 나는 사고로 휠체어를 타는 장애인이 되었지만, 누구보다 열심히 살았다고 말할 수 있었다. 부러워만 했던 그 친구들에게 나의 모습이 더 이상 부끄럽지 않았다. 왜냐면 어디선가 나를 아는 누구를 우연히 만나도 나는 나대로 멋진 나일뿐이니까!

최악의 태국 방콕 여행은 결코 최악이 아니었다

첫째를 낳고 육아에 힘들어 지칠 무렵, 계획에 없던 둘째가 생긴 것을 알게 되었다. 첫째가 5개월이 되었을 때였다. 신체적으로 불편한 몸으로 처음 하는 육아는 내 마음처럼 되지 않아서 너무 힘들었다. 친정엄마와 남편이 육아의 많은 부분을 해주었지만, 나는 육체적으로, 정신적으로 너무 힘든 시기였다. 괜히 내가 도대체 엄마가 맞나 하는 자책을 하며 육아 우울증에 시달렸다. 그러던 차에 둘째까지 생기니 몸도 무거워지고 더욱 힘들기만 했다.

나는 힘들 때 제일 하고 싶은 일은, 언제나 여행이다. 틈만 나면 여행에 대한 정보만 검색하고 있었다. 정보를 검색하다 보니 오래전부터 배낭여행자의 성지로 알려져 있는 태국 방콕의 카오산 로드에 가 보고 싶었다. 내가 젊은 시절부터 환상과 로망이 있었던 곳이다. 나는 곧바로 항공권과 숙소를 알아보기 시작했고, 방콕에서는 무엇을 하면 좋을지 찾아보며 너무 설렜다.

배낭여행의 성지를 간다고 생각하니 나도 배낭여행자가 되고 싶었다. 임신 8개월의 산모가 배낭여행자를 꿈꾸며 방콕 여행을 가다니, 지금 생각하니 너무 우습다. 그렇게 배낭여행자를 꿈꾸며 저렴한 항공권과 숙소를 예약했다. 그런데 이상하게 4월 13일부터 모든 게 저렴했다. 태국의 새해, 송크란 축제 기간이라고 했다. 그 나라의 축제도 볼 수 있는데, 그 기간이 더 저렴하다니 나는 더 신이 났다.

만삭에 가까운 산모가 배낭여행자를 꿈꾸며, 고작 태국 방콕을 가면서, 1인당 5만 원을 아끼자고 베트남 하노이를 경유해서 가는 비행기를 끊었다. 게다가 화장실과 침대만 달랑 있는 싸구려 숙소를 예약했다. 임신 8개월 산모임을 망각하고, 내가 배낭여행자라 착각하고 있던 게 엄청난 잘못이었음을 그때는 정말 알지 못했다.

남편과 함께 태교 여행을 가장한 나의 배낭여행은 출발부터 삐걱거리기 시작했다. 베트남 항공을 타고 하노이 공항에서 경유 연결 편 비행기를 기다리는 시간이 원래 3시간이었다. 그런데, 지연되어서 5시간이나 공항에서 대기를 하면서 벌써 힘들기 시작했다. 하노이 공항 안에서 휠체어를 탄 만삭인 산모가 기댈 곳은 없었고, 꼼짝없이 앉은 채로 5시간 이상을 버텨야 했다. 그래도 여행의 설렘만으로 견디고 드디어 방콕에 도착했다.

공항에서 숙소까지는 내가 알아본 대로 전철을 두 번 갈아타고 가야 했다. 첫 번째 전철은 무사히 잘 찾아서 탔다. 환승을 할 역에 오니 길을 건너는 곳이 보이지 않았다. 결국 남편과 나는 위험한 무단횡단을 하고 환승역에 왔다. 하지만 두 번째 전철을 타기 위해서는 수많은 계단을 걸어서 2~3층 높이까지 올라가야 했다. 사람들에게 물어봐도 엘리베이터는 어디에도 없었다.

저녁 늦게 도착했고, 날씨가 너무 덥고 일이 자꾸 꼬이니 우리는 너무 지쳐서 결국 택시를 타고 숙소로 가기로 했다. 그런데 택시 기사가 500바트 요금을 부르는 것이다. 아무것도 모르는 우리지만, 너무 비싼 것 같았다. 또, 방콕은 무조건 흥정해야 한다고 알고 있어서 몇 명의 택시 기사와 오랜 실랑이를 벌였다. 결국은 300바트를 주고 숙소에 겨우 도착했다. 다음 날, 우리가 어제 탔던 요금은 50바트 밖에 안 된다는 걸 알게 되었다. 이렇게 방콕에서의 바가지요금 때문에 첫인상이 너무 안 좋았고, 기분이 많이 상했다.

다음 날은 방콕 왕궁과 왓 아룬 사원, 에메랄드 사원을 보러 갔다. 가

시련은 축복이었습니다

기 위해 택시를 잡았지만, 택시 흥정이 정말 쉽지 않았다. 흥정을 어느 정도 하려면 승차를 거부하기도 했다. 결국 우리는 흥정을 해봤자 바가지요금으로 타야 했고, 알면서 타야 하니 기분이 좋지 않았다. 게다가 너무 더운 날씨도 짜증을 한껏 더했다. 나무 그늘에서 쉬다가 2미터 앞의 노점만 갔다 와도 땀이 한 바가지 흘러내렸다. 더운 날씨를 무지 싫어하는 나와 남편은 맥이 풀릴 지경이었다.

▲ 너무 덥고, 바가지 요금에 지쳤던 태국 여행이었다. ⓒ박혜정

태국의 새해, 송크란 기간이어서 왕궁과 사원에는 퍼레이드 행렬도 있었고, 새해 소망을 빌기 위해 수많은 태국 사람들로 거리가 북적였다. 우리는 너무 덥기도 했고 짜증이 나니 왕궁이나 사원도 크게 눈에 들어오지 않았다. 그래서 내가 고대했던 카오산 로드를 가기로 했다. 차량 통제 때문에 카오산 로드를 못 간다는 택시를 몇 대나 보내고, 또 바가지요금으로 근처라도 간다는 택시를 타고 겨우 갈 수 있었다.

3장_여행을 만나고 삶이 변하기 시작했다

카오산 로드 입구가 아니라 좀 떨어진 곳에 내려서 휠체어를 밀고 가고 있었다. 그런데 난데없이 우리는 갑자기 물벼락을 맞았다! 순간적으로 시원하기는 했지만, 도대체 이게 무슨 날벼락인가 너무 당황스러웠다. 게다가 옷이 다 젖어버려서 갑자기 짜증이 확~ 더 났다! 나와 남편은 너무 놀란 눈으로 멈춰 서 있었다.

한 무리의 태국 사람들이 양동이, 바가지, 물 호스, 물총 등 온갖 도구들을 가지고 물 뿌릴 준비하고 있었다. 그리고는 우리에게 뭐라 뭐라 하며 물을 한 바가지 더 부었다. 완전 어이가 상실된 상황이었다. 거기다 더 물을 뿌리려는 사람에게 나는 '노! 노!! 노!!!'라고 손사래를 치며 소리쳤다. 그렇게 쫄딱 젖은 채로 카오산 로드를 가는 길에는 수많은 태국 사람들이 삼삼오오 모여 지나가는 행인에게 물을 뿌리고 있었다. 우리는 '노! 노!! 노!!!'를 외치며 겨우 피해서 갔다.

▲ 온갖 도구로 물을 뿌리는 태국 사람들에게 우리는 물벼락을 맞았다! ⓒ박혜정

나중에 알고 보니, 송크란 축제에는 지나가는 사람에게 복이나 행운을 빌어주며, 물을 한껏 뿌려주는 게 풍습이었다. 그것까지는 몰랐던 우리

시련은 축복이었습니다

는 온갖 바가지와 상술에 짜증이 나 있던 차라, 그 복과 행운의 물조차도 짜증으로 남았던 것 같다.

내가 그렇게 꿈꿔왔던 배낭여행자의 성지, 카오산 로드에 드디어 왔지만, 쫄딱 젖은 생쥐 꼴로 짜증이 가득하니 그곳이 좋아 보일 수가 없었다. 환상과 로망의 카오산 로드는 태국의 저렴한 식당들과 게스트하우스들이 모여 있는, 그저 그런 동네로 보일 뿐이었다. 지치고 화나고 짜증나고 찝찝하고, 기분이 나쁠 대로 나쁜 우리는 카오산 로드의 한 카페에서 시원한 음료수를 한잔 마시고 숙소로 돌아왔다.

'다음 날은 그래도 좋은 일이 생기겠지.'라는 작은 희망으로 다시 길을 나섰다.

나는 하루 종일 휠체어에 앉아 있다 보니 상체 쪽의 통증도 심해서 태국의 산모 마사지를 받고 싶었다. 남편도 나와 여행을 다니며 마사지를 받아보고는, 피로가 풀린다며 좋아했다. 그래서 오기 전에 몇 군데의 마사지 숍을 검색해놨었다. 숙소에서 그나마 가까운 곳부터 갔는데, 이런 ~ 새해 연휴라 다 문을 닫은 것이었다. 그 근처의 다른 마사지 숍도 모두 문이 닫혀 있었다. 아휴~ 뭐가 이렇게 자꾸 일이 꼬이는지 우리는 또 허탕을 쳤다.

하는 수 없이 먹는 것이라도 좋아하고 맛있는 걸 먹기 위해 각종 해산물이 가득한 씨푸드 레스토랑을 갔다. 해산물을 무지 좋아하는 나와 남편은 코코넛 음료와 함께 좋아하는 해산물을 먹으며 그동안의 스트레스를 조금이나마 풀 수 있었다.

▲ 남편과 내가 좋아하는 해산물 뷔페 음식 ⓒ박혜정

　오후 늦게는 태국에 왔으니 미리 예약한 게이 쇼 공연장에 갔다. 공연장에는 아주 여유 있게 도착해서 입장을 기다리고 있었다. 그런데 갑자기 뭔가 몸이 이상했다. 나와 같은 척수 장애인은 대부분 과반사라고 불리는 몸의 반응이 나타날 수 있다. 마비된 하체의 이상이 대개 고혈압, 두통, 안면홍조, 발한 등과 같은 여러 가지 자율신경 과반사 증상으로 나타난다. 나는 대소변이 마렵다는 느낌 대신, 소변은 약간의 갑작스러운 두통이 나타나고, 대변은 두통과 함께 안면홍조가 되면서 팔에 소름이 돋는다.

　공연 입장을 기다리는 그 순간, 대변에 대한 과반사가 급박하게 오기 시작한 것이다. 나는 너무 당황스러워서 남편에게 화장실을 빨리 가야겠다고 말을 했지만, 그곳에 장애인 화장실은 아예 없었다. 화장실을 가보

시련은 축복이었습니다

니 문에 휠체어가 전혀 들어가지를 않았다. 하는 수 없이 남편이 여자 화장실에 같이 들어와서 나를 변기에 앉혀주었다. 나는 임신 8개월로 몸이 무거우니 힘들어서 남편이 도와주어야 했다. 남편이 도와주기 위해 여자 화장실에 같이 있었다.

그런데 갑자기 청소 아줌마인 듯한 사람이 들어오더니 태국말로 쏼라 쏼라~ 막 뭐라 하고는 남편한테 나가라는 듯 소리를 질렀다. 내가 영어로 무슨 말이라도 해보려 했지만, 나도 당황스러운 상황이라 말도 잘 나오지 않았다. 어차피 그 아줌마와는 영어도 안 통했다. 할 수 없이 남편은 내 휠체어를 가지고 밖으로 나갔다. 나는 땀을 뻘뻘 흘려가며 20분 넘게 물티슈 한 통을 거의 다 쓰며 혼자 겨우 뒤처리를 했다.

아마도 해산물 식당에서 뭘 잘못 먹어서 탈이 난 것 같았다. 20분 넘게 혼자서 생쇼를 하고 나니 힘이 하나도 없었다. 이젠 적응이 되어서 대소변 실수쯤에 울고 자책하지는 않는다. 하지만, 이번 여행이 너무 개떡같이 일이 꼬이고 힘들어서 화가 계속 났다.

다음 날 새벽 비행기로 돌아가니 태국 방콕에서의 마지막 날이었다. 우리는 쇼핑센터를 찾아가는 길이었다. 그런데 휠체어가 굴러가는 느낌이 뭔가 이상했다. 헉~ 이번엔 휠체어 바퀴가 터진 것이다. 아오~ 정말 마지막 날까지 이렇게 당황스러운 사건의 연속이었다.

사실 영어가 잘 통하지도 않았고, 도대체 어디에 어떻게 물어봐야 할

지 정말 막막했다. 우리는 손짓 발짓을 해가며 '타이어 펑~ 타이어 뻥~.'
이라고 말하며 자전거 탄 사람을 졸졸 따라다녔다. 한참을 따라다닌 끝
에 어떤 사람이 가르쳐준 자전거 가게를 겨우 물어서 찾을 수 있었다. 다
행히 휠체어 타이어를 수리할 수 있었다.

▲ 남편과 오히려 추억이 되었던 최악의 태국 여행 ⓒ박혜정

　이번 여행은 '엎친 데 덮친 격'이라는 속담이 딱 들어맞을 정도로 계속
안 좋은 일의 연속이었다. 진짜 당시에는 '뭐 이런 여행이 다 있나. 태국
방콕은 정말 다시 오나 봐라. 방콕은 정말 최악의 여행이야!'라고 생각했
었다.

　하지만 지나고 보니 이 또한 남편과 나만의 추억이라는 게 너무 좋다.
아직도 방콕을 가면서 베트남 경유를 누가 하냐며 서로 웃는다. 그때 택
시 바가지요금은 진짜 너무했다며 공감한다. 가다가 물벼락 맞은 서로의

시련은 축복이었습니다

생쥐 꼴을 기억하며, 게이 쇼 보기 전 화장실 사건을 이제는 추억으로 공유한다. 당시에는 최악의 여행일지라도 끝까지 최악인 여행은 나에게 없다!

다른 누구에게도 끝까지 최악으로 남는 여행은 없을 거라고 나는 감히 말하고 싶다. 여행에서 당황스럽고 안 좋은 일을 겪을 당시에는 최악이라 생각될지 모른다. 하지만, 그런 해프닝들은 분명히 인생의 밑거름이 될 것이며, 여행의 행복한 추억으로 남을 것이다. 그러니 이 글을 읽는 당신도 어떤 여행이든지 용기를 내어 꼭 떠나보기를 바란다.

3장_여행을 만나고 삶이 변하기 시작했다

37일간의 가족여행이 나를 다시 살게 했다

왜 그렇게 힘들었던 걸까? 지금 와서 생각해보면, 뭐가 그리 힘들었는지 모르겠다. 친정엄마가 거의 육아를 해주셨고, 일을 마치고 온 남편도 적극적으로 육아에 동참했다. 몸이 불편한 나를 무척이나 배려해줘서 나는 신체적으로 힘들 게 별로 없었다.

유축하는 것 말고는 할 게 없는 나는 '내가 도대체 엄마가 맞나?'라는 괜한 생각들로 정신적으로 굉장히 우울하고 불안했다. 불면증에도 시달렸다. 내가 하지도 못하면서 친정엄마와 남편이 하는 게 다 마음에 안 들었다. 불평과 불만만 가득했다. 예민한 첫째 때문에 더 신경은 날카로워졌다. 계속 더 우울하고 짜증과 화가 치밀었다.

이래서는 도저히 안 된다는 생각이 들었다. 엄마도 남편도 그리고 나도 극한 상황까지 갔고, 첫째의 불안증과 문제행동이 보이면서 나는 깨닫기 시작했다. 내 소중한 아이의 인생을 엄마인 내가 망쳐서는 안 되기 때문이다.

나는 또 우리 가족만의 시간을 가질 수 있는 여행을 가야겠다고 생각했다. 그래서 1년짜리 적금을 하나 들었다. 첫째가 초등학교에 들어가기 전에 꼭 장기 여행을 가고 싶었다. 어디를 갈지 생각해보니 결혼 전 내가 8개월 정도 있었던 미국, 캐나다를 남편과 아이들과 꼭 가고 싶었다. 이번에는 멕시코까지 가야겠다고 마음을 먹었다. 여행 일정은 될 수 있으면 길게 하고 싶었지만, 여러 사정상 37일로 일정을 잡았다.

37일 동안 우리 가족의 여행 일정은 먼저 LA에 도착해서 샌디에이고, 라스베가스, 그랜드캐니언을 여행하며 열흘을 보낸다. 그리고 캐나다 밴쿠버에서 이레, 토론토에서 이레, 뉴욕에서 여드레, 멕시코 칸쿤에서 이레를 보내는 것으로 계획을 세웠다.

항공권을 예매하고 일정을 정했으니, 차근차근 렌터카와 숙소, 각 도시에서 할 수 있는 체험이나 관람, 교통 패스를 예약했다. 검색하며 관광지 할인권도 꼼꼼히 챙겼다. 그나마 조금 덜 힘들었던 것은 미국과 캐나다는 휠체어가 대부분 갈 수 있게 시설이 되어 있어서 숙소를 정하는 것이 좀 쉬운 편이었다. 그래서 미국과 캐나다에서는 아주 저렴한 숙소들로 거의 다 예약했다.

우리 가족이 37일 동안 여행하는 경비가 만만치가 않아서 식사는 점심 한 끼만 밖에서 먹고, 아침과 저녁은 숙소에서 햇반과 김치, 김, 밑반찬 등으로 해결할 생각이었다. 그렇게 아낀 돈으로 럭셔리는 아니지만, 마지막 멕시코 칸쿤은 올인클루시브(모든 게 다 포함된) 호텔에서 먹고 놀고 쉬면서 멋진 마무리를 할 예정이었다.

여행을 가서 큰 즐거움과 행복이 분명 크지만, 여행을 가기 전, 직접 정보를 찾아보고 예약하는 즐거움과 설렘, 행복도 무척이나 크다. 나 역시 힘든 순간이 언제였나 싶을 정도로 여행을 준비하면서 너무 행복했다. 마치 우울증이 점점 치유되는 것 같았다.

하지만 이것저것 준비하면서 우리 가족이 잘 해낼 수 있을까, 재밌게 잘 여행하고 돌아올 수 있을까, 아이들이 아프거나 무슨 문제가 생기지 않을까 등 걱정이 많이 들었다. 그리고 물론 내가 너무 좋아서 하는 거긴 하지만, 모든 예약과 준비가 내 몫이라 처음엔 그 많은 걸 어떻게 다 준비할지 걱정도 되었다. 설렘과 기대로 기쁘기도 했지만, 두려움과 걱정도 많이 들었었다.

드디어 출발하는 날, 생각해보니 다 예약하고도 우여곡절이 많았던 여행 준비 과정이었다. 가기 일주일 전에, 엉덩이에 욕창을 두 군데나 발견

시련은 축복이었습니다

해서 정말 큰 손해를 보더라도 다 취소할까 생각도 여러 번 했다. 그래서 머뭇거리다 짐도 부랴부랴 겨우 싸고, 갑자기 며칠째 머리도 지끈지끈 너무 아팠다. 게다가 당시에 라스베이거스의 한 호텔에서 총기 난사 사건이 터진 직후라 신경이 엄청 많이 쓰이기도 했다.

어쨌든 우리 가족은 그래도 떠났다! 37일 동안의 여행은 우여곡절이 너무 많았다. 하지만 우리 가족 넷은 평소에는 겪을 수 없는 새롭고 힘든 경험을 하면서 서로 도우며 함께 헤쳐 나갔다. 그래서 가족 간의 행복한 기억과 추억을 많이 만들 수 있었다.

도쿄를 경유해서 거의 20시간 만에 L.A.공항에 도착했다. 렌터카를 찾고 우리는 바로 샌디에이고의 숙소에 도착해서 37일 장기 가족여행의 첫날을 보냈다. 샌디에이고에서는 시내 구경도 하고, 씨월드, 사파리 파크를 갔다. 그런데 샌디에이고가 건조한 날씨라서 그런지 첫째가 자꾸 가렵다고 해서 보니 팔과 다리에 두드러기가 생겼고, 아토피 같은 피부병이 생겨 있었다. 여행을 와서 병원도 가기 힘든 상황이라 너무 난감했다. 다행히 샌디에이고에 사시는 아빠 친구분께서 사정을 아시고, 연고와 약, 로션과 샤워바스를 사주셨다. 혹시 이걸로 안 되고 더 심해지면 급한 대로 L.A.의 한인 피부과 병원이라도 가거나 한국으로 다시 돌아가야 할 상황일지도 몰랐다. 천만다행으로 아저씨가 주신 연고 덕분에 첫째의 피부는 가라앉았다. 아저씨께 정말 너무 감사했다.

▲ 사랑하는 두 딸, 샌디에이고 사파리파크에서 ⓒ박혜정

  그랜드캐니언을 갔다가 L.A.로 하루 종일 렌터카를 타고 달리던 날이었다. 아무것도 없는 허허벌판을 10시간이나 달렸다. 온종일 맥O겟만 먹고, 화장실을 못 찾아서 발을 동동 구르기도 했다. 주유소도 없어서 오던 길을 다시 돌아가기도 했다. 모두가 기진맥진되어서 L.A.에 도착했을 때는 렌터카 타이어가 터져서 난감하기만 했다. 결국 다음 날 렌터카 영업소에 가서 동급의 차로 바꾸긴 했지만, 우리 가족에게 잊지 못할 날이 되었다. 특히 그날은 내 생일이었기 때문에 더욱 특별했던 나의 생일로 오래도록 기억될 것이다.

시련은 축복이었습니다

▲ 그랜드캐니언에서 가족사진을 찍다! ©박혜정

열흘 동안 미국 서부 쪽을 여행한 뒤, 우리는 캐나다 밴쿠버에 갔다. 11월 초에 여행을 시작해서 밴쿠버에 갔을 때는 11월 중순이 되었다. 날씨가 흐리고 꽤 쌀쌀했던 밴쿠버에서는 스산했던 스탠리 파크, 휠체어는 갈 수 없었던 카필라노 서스펜션 브릿지, 공사 중이라 휑했던 빅토리아 섬의 부차드 가든 등을 갔지만, 일이 자꾸 꼬이기만 했다. 게다가 주차위반 딱지를 두 번이나 받았다. 한 번은 벌금을 냈고, 한 번은 전화로 다행히 해결했다.

날씨가 좋지 않아서 맑고 밝은 여행은 아니었지만, 그런들 어떠랴~ 모든 여행이 좋을 수만은 없고, 모든 인생이 좋을 수만은 없는 것 아닐까? 그래도 우리 가족은 재밌고 즐겁게, 그리고 건강하게 여행을 했고, 11월 중순의 밴쿠버 가을을 충분히 느낀 것으로 만족했다.

▲ 밴쿠버 카필라노 서스펜션 브리지에서 ⓒ박혜정

　토론토에 와서는 곧바로 나이아가라 폭포에 갔다. 밴쿠버보다 더 춥고 눈까지 내리는 궂은 날씨에 토론토 여행도 안 좋으면 어쩌나 걱정이 많이 되었다. 하지만 그래도 캐나다의 초겨울을 느끼며 그 안에서 색다른 재미와 즐거움을 찾아보자고 생각했다. 나이아가라 폭포 근처의 숙소는 상당히 비싸다. 숙소에서 폭포가 보이면 더 가격은 높아진다. 나는 손품을 팔고 팔아서 저렴한 가격에 방에서 폭포가 반쯤 보이는 숙소를 예약했다.

　우리는 숙소에서도 폭포를 감상했고, 스카이휠 관람차를 타고도 폭포의 멋진 장관을 보았다. 그리고는 혼블로어 배를 타고 폭포 아래로 들어가서 물벼락을 맞으며 웅장한 폭포를 느껴보기도 했다.

시련은 축복이었습니다

▲ 나이아가라 폭포에서 혼블로어 배타기 ⓒ박혜정

토론토 시내로 와서는 한국에서 미리 끊어온 시티패스 관광지를 둘러보았다. 시티패스 덕분에 여행 경비도 아끼며 알찬 여행을 할 수 있었다. 토론토에서는 다행히 뭔가 다 딱 맞아 떨어지면서 순조로운 여행이었다. 눈을 생전 보기 힘든 부산 사람이라 초겨울 토론토의 눈만 봐도 신이 난 아이들이었다. 나이아가라에서도 너무 좋았고, 토론토 시내에 와서도 모두가 즐거웠던 여행이 되었다. 게다가 뉴욕으로 가는 델타항공에서는 퍼스트클래스로 좌석을 무료 승급을 해주는 게 아닌가!

▲ 토론토 CN타워에서 ⓒ박혜정　　　▲ 자유의 여신상 앞에서 ⓒ박혜정

　　좌석 무료 승급까지 받아서 횡재한 듯 기분 좋게 우리는 뉴욕에 도착했다. 뉴욕에는 내 동생이 살고 있다. 그리고 2006년에 8개월을 뉴욕에서 지냈던 나는 남편과 아이들과 다시 뉴욕에 올 수 있어서 더 감격스러웠다. 뉴욕에 도착하자마자 렌터카를 빌려서 동생과 우리 가족은 워싱턴 D.C.에 계시는 고모 댁으로 갔다. 뉴저지에 사는 고모의 딸, 사촌 언니네도 들려야 하니 뉴욕 여행은 일정이 빠듯했다.

　　그리고 동생이 2년 사귄 남자친구를 같이 만나자고 해서 너무 기대되었다. 서글서글한 인상에 한국말을 잘 못하는 교포 2세였지만, 가족이 되려고 그런지 동생의 동반자가 되겠다는 생각이 문득 들었다. 아니나

시련은 축복이었습니다

다를까. 1년 뒤, 일사천리로 상견례와 결혼식을 하고 나의 제부가 되었다.

엠파이어 스테이트 빌딩, 록펠러 센터 전망대인 '탑 오브 더 락', 자유의 여신상, 자연사 박물관, 센트럴 파크 등을 둘러보며 뉴욕 역시 시티패스로 알차게 여행했다. 고모, 사촌 언니, 내 동생, 제부가 된 동생의 남자친구와 따뜻한 가족의 정도 느끼며 행복한 시간을 보냈다. 이제는 37일 여행의 마지막, 우리 가족이 제일 고대하는 멕시코 칸쿤 여행만이 남았다.

아끼고 고생했던 미국, 캐나다의 여정 뒤에, 칸쿤에서의 7박 8일은 힐링을 선사해주었다. 온전히 리조트 안에서 보낸 거지만, 모든 게 해결되는 호캉스의 끝판왕, 올인클루시브 리조트는 너무 편안하고 우리 가족의 쉼과 행복을 가져다주었다. 아이들은 매일 펼쳐지는 프로그램과 공연을 볼 수 있었고, 워터파크에서 원 없이 놀았다. 나와 남편도 맛있는 음식을 즐기며 행복하고 편하게 보냈다. 37일간의 가족여행은 이렇게 멕시코 칸쿤에서 대장정의 막을 내렸다.

앞에서 말했듯이 나는 이 여행을 하기 전에, 심한 육아 우울증과 불면증에 시달리며 정신적으로 너무 힘들었다. 하지만 37일간의 가족여행을 통해 남편과의 사이도 좋아졌고, 아이들에게도 더 넓은 마음을 가진 엄마가 되었다. 첫째의 불안증과 문제행동들도 이 여행으로 정말 많이 좋아졌다. 서로 예민하던 나와 첫째가 모두 여유로워진 것이다. 정말 이 여행이 아니었다면, 내가 마음을 회복하지 못했을 것이다.

▲ 멕시코 칸쿤의 올인클루시브
리조트의 바다 ⓒ박혜정

▲ 너무 행복했던 칸쿤의 리조트에서
우리 가족은 행복을 되찾았다. ⓒ박혜정

만약 이 여행을 할 수 없었다면, 지금의 행복한 우리 가족은 절대 없을 거라 생각이 든다. 아이들과 남편에게도 37일간의 가족여행이 돈과는 바꿀 수 없는 행복을 가져다주었다고 확신한다.

이제 집으로 돌아가기 전, 37일도 이렇게 짧다니 아쉬움만 남았다. 하지만, 포근하고 따뜻한 집으로 얼른 가고 싶었다. 이 여행은 정신적으로 피폐해져 있던 나를 살린 여행이었다. 여행을 마치고 돌아갈 우리 집이 얼마나 행복한 집인지 새삼 깨달았기 때문이다.

시련은 축복이었습니다

07

/

낯선 나라, 도미니카 공화국에서 행복을 찾다

미국에 혼자 이민 간 동생이 드디어 좋은 사람을 만나 결혼을 하게 되었다. 제부가 교포 2세이고 동생도 계속 미국에서 살 것이기 때문에, 결혼식을 미국 뉴욕에서 하게 되었다. 그래서 뉴욕에만 5일 정도 머물러야 했다. 하지만 휠체어 타는 여행가인 나는 달랑 5일만 있다가 돌아오기에 너무 아까웠다. 게다가 그 5일도 여행이 아니라 결혼식을 위해 보내는 시간이니까, 나는 여행을 꼭 해야겠다고 생각했다.

이왕이면 미국까지 갔으니 거기서 가기 쉬운 곳, 한국에서는 가기 힘든 곳을 가보고 싶었다. 멕시코 칸쿤은 1년 전에 우리 가족이 다녀오기도 했고, 이미 관광객들이 너무 많은 곳이었다. 동생에게 물어보니 여유로운 휴양을 선호하는 미국인들은 쿠바나 도미니카공화국으로 간다고 했다.

그 말을 듣고 정보를 좀 찾아보았다. 쿠바는 아직 공산국가여서 인프라도 별로 안 좋은 것 같았고, 가족여행으로는 느낌이 별로였다. 반면 도미니카공화국은 올인클루시브 리조트들도 꽤 있고, 멕시코와는 또 다른 느낌일 것 같았다. 끌리는 대로 도미니카공화국으로 여행지를 결정하고, 뉴욕에서 가는 항공권과 리조트를 예약했다.

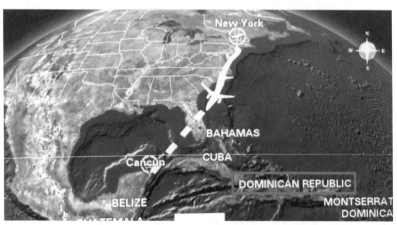

▲ 나도 가기 전에는 도미니카공화국이 어디 있는지 몰랐다. ⓒ박혜정

나는 여행을 계획하면서 숙소를 정할 때, 전혀 휠체어가 갈 수 없는 곳은 예약하기가 힘들다. 그렇다고 고급이고 무조건 현대화된 시설이나 여건만을 고집하지는 않는다. 돈이 많아서 여행을 다니는 것도 아니고, 늘

시련은 축복이었습니다

아끼고 돈을 모아서 여행을 간다. 그래서 최대한 저렴한 숙소부터 검색하면서 그나마 휠체어가 갈 수 있는 곳으로 예약을 한다.

숙소의 고급 시설이 중요한 것이 아니라, 그보다 나는 알려지지 않아서 관광객이 별로 없는 여행지를 선호한다. 내가 좋아하는 곳은 말 그대로 관광지가 아니라 여행지이다. 관광지에는 우선 사람이 너무 많고 복잡하다. 또한 현지인들보다 관광객이 많기 때문에 상술이 난무하거나 바가지를 씌우는 일이 허다하다.

반면 여행지는 관광객이 아닌 소수의 여행자만이 여행한다. 그래서 그 나라의 현지인들은 자주 접하지 못한 새로운 이방인들에게 인심을 베풀어 주는 경우가 많다. 잘 알려지지 않은 여행지의 현지인들은 훨씬 순수하고 인간미가 있기 때문이다. 그렇다 보니 여행하는 동안 그 나라 현지인들과의 소통이 더 정감이 있고 즐거웠기 때문에, 여행 후에 따뜻하고 행복한 기억, 추억이 많이 남는다.

오래전에 갔던 여행지들도 마찬가지였다. 2005년 갔던 대만 타이페이, 2009년 필리핀 세부, 2014년 말레이시아 코타키나발루, 2015년 베트남 다낭, 2016년 대만 가오슝은 당시에 많이 알려지지 않았을 때 갔었다. 그러니 관광객이 많이 없었고, 그 나라의 인심을 느끼며 친구를 만들 수 있었다.

반면 2005년의 홍콩, 2010년 하와이, 2012년의 태국 방콕, 2016년 괌은 알다시피 너무나 많은 관광객으로 붐비는 관광지였다. 그래서 바가지

와 상술에 기분 상하는 일이 너무 많아서 솔직히 다시 가고 싶지는 않을
정도였다.

　도미니카의 올인클루시브 리조트는 물론 아주 비싼 곳도 많겠지만, 멕
시코 칸쿤보다는 저렴했다. 아무래도 시설은 좀 안 좋은 듯했다. 그렇지
만 나는 이미 관광객이 들끓는 멕시코 칸쿤보다는 시설이 약간 열악해도
저렴하고 관광객이 없는 도미니카공화국이 더 마음에 들 것 같았다.
　도미니카공화국의 휴양지로 많이 알려진 곳은 푼타카나와 푸에르토플
라타가 있었다. 우리 가족은 조금 더 알려지지 않고 저렴한 푸에르토플
라타에 가기로 했다. 어쨌든 낯선 곳, 도미니카공화국의 푸에르토플라타
에 드디어 도착했다. 크지 않은 공항에 도착해서 보니, 공항의 느낌이 우
리나라 80년대 시절의 건물 같았다.

▲ 동양인을 처음 보는 듯 우리 가족을 쳐다봤다. ⓒ박혜정

시련은 축복이었습니다

우버 택시를 타려고 공항 밖으로 나왔는데, 우리 가족을 보는 무수한 시선이 느껴졌다. 그 나라에서는 거의 보기 힘든 동양인을, 동물원 원숭이 보는 듯한 시선으로 모든 사람이 다 쳐다봤다. 우리가 일주일을 머무르는 동안 우리도 우리 가족 외에는 동양인을 한 번도 못 봤으니, 그런 시선이 당연했다.

올인클루시브 리조트에 도착해서 보니, 1년 전 멕시코 올인클루시브 리조트와는 비교할 수 없을 만큼 시설이 낡았다. 레포츠 시설이라고는 수영장 하나밖에는 없었다. 심지어 와이파이도 로비에서만 가능해서 한국에서 가져온 포켓와이파이가 없었으면 큰일 날 뻔했다.

또, 식당도 달랑 2개였는데, 하나는 뷔페식 식당이고, 하나는 멕시코 식당이었다. 사실 음식의 맛도 멕시코와 비교하면 영 떨어지긴 했다. 하지만 그런들 어떠하랴~ 그 안에서 즐길 수 있는 건 즐기며 재밌게 보내면 되는 것이 여행이 아닐까 생각한다.

리조트는 약간 실망이었지만, 도미니카공화국 여행은 다른 멋진 게 기다리고 있었다. 밖으로 조금만 나가니 푸르른 바다와 멋진 해변이 있었다. 우버 택시를 타고 30분 정도 가니 낯선 나라의 쇼핑몰도 구경할 수 있었다. 리조트 안에서 놀 게 없으면, 다른 멋진 걸 찾으면 되니까, 인생은 새옹지마인 거다! 멕시코 칸쿤에서는 리조트밖에 보지 못한 여행이었지만, 도미니카는 더 많은 것을 볼 수 있었던 여행이 되었다.

▲ 멕시코와 비교하면 시설이 열악했던　　　하지만 푸르른 바다가 바로 있었다
　　도미니카공화국의 리조트　　　　　　　　　　　ⓒ박혜정

　특히 도미니카에서 제일 흥미롭고 좋았던 건, 오션월드였다. 검색하다
가 아이들이 좋아할 것 같아서 한국에서 예매를 해왔다. 돌고래 쇼, 바다
사자 쇼, 앵무새 먹이 주기, 워터파크 등 모든 게 어우러져 있는 복합 놀
이시설인 것 같았다. 한국, 일본, 대만, 미국, 캐나다 등의 워터파크나 놀
이공원을 많이 가봤었기 때문에, 크게 기대를 많이 안 해서 오히려 더 좋
았는지도 모르겠다.

　돌고래 쇼, 바다사자 쇼는 여태까지 봤던 중 최고였다. 앵무새 쇼도 아
주 멋졌고, 앵무새 먹이 주기는 환상적이었다. 아이들 머리 위에 앵무새
가 3~4마리 앉고, 먹이가 있는 손에는 더 많이 앉아서 앵무새와 교감을
하는 것이다. 특히 최고였던 것은, 물속에서 돌고래와 함께 교감하는 프
로그램이었다. 남편과 아이들이 먼저 돌고래에 대한 에티켓, 주의사항을

시련은 축복이었습니다

듣고 기다리고 있으면, 돌고래에게 먹이를 직접 주는 것이다. 게다가 돌고래를 안아보고 뽀뽀도 할 수 있었다. 다른 나라에서도 이런 프로그램이 있었지만, 너무 비쌌다. 그런데 도미니카에서는 크게 비싸지도 않았고, 다른 곳보다 훨씬 많은 체험을 할 수 있었다.

▲ 오션월드 앵무새 먹이 주기　　돌고래와 교감하는 프로그램 ⓒ박혜정

작년의 멕시코 칸쿤 여행, 이번의 도미니카 여행은 똑같은 올인클루시브였다. 하지만 도미니카는 멕시코에 비해 정말 시설과 여건이 열악한 편이었다. 물론 비용의 차이와 나라의 인프라나 여러 상황이 다르니 내가 느낀 두 나라의 리조트는 천지 차이였다. 멕시코 칸쿤은 꽤 오래전부터 미국인들의 휴양지로 각광을 받았다.

몇 년 전부터는 우리나라 신혼여행지로도 많이 알려져서 수많은 관광객이 찾는 곳이다. 그렇다 보니 최고급 호텔, 리조트부터 일반 게스트하

187

3장_여행을 만나고 삶이 변하기 시작했다

우스까지 숙소의 수가 당연히 엄청 많고, 관광지였지 여행지는 아닌 곳이다. 내가 묵었던 곳은 중급 리조트였음에도 불구하고 세련되고 다양한 시설을 보유하고 있었다. 리조트 안의 가게나 상점들은 비싸기 그지없었고 바가지도 좀 심했다. 그곳의 직원들 중 단 한 명도 인심을 베풀어 준 사람은 없었으며, 가게나 상점에서도 덤이라는 건 기대할 수 없었다.

그런데 도미니카공화국 푸에르토플라타에서는 여행하는 사람이 우리 가족밖에 없나 하는 생각이 들 정도로, 어디를 가나 관광객을 거의 보지 못했다. 동양인이라 쳐다보는 시선이기도 했지만, 여행자도 그 나라 사람들에게는 신기한 존재인 것 같았다.

이곳의 쇼핑몰 상점이나 가게에서 물, 음료수 같은 걸 사 먹는 것도 관광지 물가가 아니라, 현지인과 같은 가격이었다. 리조트 안의 직원들도 2~3일 지나서 친해지니까, 우리 애들과 놀아주기도 하고 순박하고 인정 있게 다가왔다. 물론 음식이며 음료며 다 공짜이지만, 우리 가족이 먹으러 가면 제공되는 것 외에 다른 음식도 덤으로 많이 챙겨주었다.

오션월드를 갔을 때도 관광객이 별로 없으니, 그곳의 직원들이 우리 애들을 데리고 더 많은 체험을 할 수 있게 해주었다. 우리 가족은 그곳을 정말 제대로 즐길 수 있었다. 게다가 우리 애들은 도미니카공화국에서 친구들도 사귈 수 있었다. 정말 도미니카의 정을 많이 느끼고 왔다.

▲ 나의 딸들은 도미니카 아이들과   우리 가족은 큰 행복을 찾았다! ⓒ박혜정
금방 친구가 되었다.

같은 올인클루시브라 해도 나라, 시간, 상황, 비용 등에 따라 이렇게 다른 여행이 될 수 있다. 나는 그래서 여행이 너무 좋다. 이게 좋으면 좋은 대로, 안 좋으면 안 좋은 대로 그냥 그대로 즐기면 된다. 그리고 안 좋으면 다른 것을 찾아서 좋은 걸로 하면 된다.

나는 멕시코도 너무 좋았지만, 도미니카의 올인클루시브가 훨씬 더 좋았다. 럭셔리한 시설의 멕시코 칸쿤보다 도미니카는 아주 열악한 시설과 여건임에도 따뜻한 추억을 더 많이 만들 수 있었다. 계산적이지 않고 때 묻지 않은 순박함을 가진 사람들도 좋았다. 또한 시설의 열악함 뒤에 더 멋진 자연과 그 자연과의 교감이 있던 낯선 나라 도미니카공화국에서 우리 가족은 커다란 행복을 찾아 돌아올 수 있었다.

08

/

아이들과 휠체어 엄마의 행복한 제주 한 달 살기

둘째 아이에 대한 육아휴직 기간이 3개월 남아 있었다. 만 9세가 되기 전에 육아휴직을 써야만 했다. 둘째는 6월생이기 때문에 3~5월을 육아휴직을 쓰기로 마음을 먹었다. 코로나19 상황 전부터 내심 계획하고 있었기에 아이들을 데리고 3개월간 호주를 갈까 하고 마음속에 막연히 생각했었다. 그러나 코시국이 되면서 하늘 길은 막혀버렸다. 호주는 아예 갈 수가 없게 되었다.

그렇게 되고 나니 3개월이라는 시간 동안 무엇을 하면 좋을지 생각을

시련은 축복이었습니다

해봤다. 하고 싶었던 장애인 인식 개선 강사 자격을 따고, 오랜 버킷리스트였던 책을 한 권 쓰기를 어떻게든 시작해보고 싶었다. 3월과 4월은 내가 하려던 것들을 하고, 5월에는 아이들과 제주에서 한 달 살기를 하기로 결정했다.

우와! 드디어 휠체어 탄 엄마와 아이들의 제주 한 달 살기가 시작되었다! 내가 휠체어를 타다 보니 숙소는 시설이 편리한 리조트에서 하기로 했다. 마침 그 리조트에서 코로나19 상황 때문에 손님을 끌기 위해 이벤트로 한 달 살기 숙소 가격이 너무 저렴하게 나왔다. 코로나19 상황이 나에게는 너무 좋은 기회가 된 것 같아서 기분이 좋았다. 제주에서의 한 달이 너무 행복할 것 같았다.

우리의 제주 한 달 살기는 우선 리조트 선택을 너무 잘한 것 같았다. 루프탑에 미온수 4계절 수영장이 있어서 물을 좋아하는 우리 아이들은 수시로 놀 수 있었다. 그리고 루프탑에는 포차도 있어서 가끔 맛있는 걸 먹으며 아이들과 나는 즐거운 시간을 보냈다. 무엇보다 정말 친절하고 따뜻한 리조트 직원들은 휠체어 타는 나를 정말 많이 배려해주었고, 우리 아이들에게도 정이 넘치게 대해주었다.

◀ 제주도 리조트에서 인어가 된 아이들 ⓒ박혜정

사실 제주도에서 한 달을 살기로 마음을 먹었을 때, 남편 없이 나 혼자 아이들 둘과 지내야 하니 걱정이 되기도 했다. 애들이 많이 커서 나를 도와주는 부분도 있지만 그래도 거의 내가 혼자서 해야 할 부분이 많기 때문이었다. 걱정을 많이 하는 성격은 아니지만, 어쨌든 독박 양육을 해야 하니 힘이 들겠다고 생각을 했다.

도착을 해서 짐을 방으로 옮기는 것부터, 빨래를 세탁기에 돌리는 것도, 리조트 방안에서 애들 밥을 챙겨 먹이는 것 등 쉽지는 않았다. 그런데 내가 힘든 순간마다 어디선가 딱 맞게 나타나셨던 직원분들과 객실 팀장님은 정말 사막의 오아시스와 같은 도움을 주셨다.

리조트 숙소 가격은 2인 조식만 기본으로 제공되는 거였다. 나와 애들이니 어쩔 수 없이 셋이서 조식 레스토랑에 갔다. 몇 번은 아무 말을 하지 않아서 그냥 먹었다. 그런데 어느 날 직원이 와서 "2인 조식이 기본이고 29박 30일 머무시는 거니까 총 58인분을 전체로 보고 오시는 인원이 몇 명이든 그냥 차감하는 식으로 하겠습니다."라고 했다. 난 그 말을 듣고 생각해보니 늦잠을 자서 안 먹은 날도 많았는데, 그런 날까지 다 계산해주는 배려 깊은 서비스라는 생각이 들었다. 그리고 주말에 남편까지 와서 먹어도 눈치 보지 않고 같이 먹을 수 있으니 그런 배려가 너무 감사했다.

답사 겸 장애인 인식 개선 강사 시험을 보러 4월에 2박 3일을 왔었다. 그때 친해진 편의점 아줌마는 나와 언니 동생 하는 사이가 되었다. 우리 애들이 편의점에 가면 너무 따뜻하게 맞아주고, 덤으로 무언가를 주시기도 했다. 쑥떡을 집에서 만들었다며 한가득 주시기도 했다. 언제나 가면 늘 웃으며 말 걸어 주시고 너무 기분 좋게 해주셨다.

제주에 와서 많은 분들의 친절, 배려, 사랑, 감사는 내게 큰 기쁨을 주었다. 지난 주말, 수목원 테마파크에 남편과 아이들과 함께 갔다. VR 체험관의 직원이 가족의 모습이 너무 예쁘고 좋아 보인다며, 나와 남편을 공짜로 VR 체험을 하게 해주었다. 그리고 OOO 도넛 가게에 대기열을 관리하시는 할아버지는 사람들에게 양해를 구하고 긴 대기열의 앞으로 갈 수 있게 배려해주셨다.

▲ 가파도에서 따뜻한 정을 느낄 수 있었다. ⓒ박혜정

우리가 가파도에 갔던 날이었다. 날씨가 너무 좋아서 가파도에 가길 정말 잘한 것 같다. 탁 트인 사방으로 보이는 제주의 청정 바다와 맑은 하늘을 보며 나와 아이들은 정말 힐링할 수 있었다. 청보리가 유명한 가파도에 우리가 갔을 때는 이미 수확하는 곳도 꽤 있고 누렇게 익은 보리밭이었다. 그 밭을 지나 골목길로 들어섰다.

시련은 축복이었습니다

아이들이 배가 고프다고 해서 둘러보니 가파도 주민의 가정집 마당에 테이블 몇 개를 두고 어느 할머니 해녀의 집이 있었다. 그 가게는 이름도 예쁜 '새봄이네 집'이었고, 새하얀 벽에 아기자기한 그림 동화 같은 벽화와 메뉴판이 그려져 있었다. 마음이 이끌려서 들어갔고, 소라 한 접시와 해물라면을 주문했다.

주인 할머니께서는 우리 아이들을 보니 전라도에 있는 손녀가 너무 생각난다고 하셨다. 그러면서 주문하지도 않은 가시리 볶음과 문어 반 접시를 썰어 주셨다. 또 라면을 끓여 주시며 마침 밥이 없어서 밥을 못 줘서 미안하다고 하셨다. 그리고 우리가 다 먹어 갈 즈음에는 서귀포 오일장에서 사 왔다며 귀한 참외를 두 개나 깎아주셨다.

아~ 이런 따뜻한 인심에 너무 감사한 건 우리였다. 그런데 갑자기 할머니께서는 아이들이 너무 예쁘다며 대뜸 가파도로 이사를 오라고 하셨다. 순간 나도 이렇게 여유롭고 평화로운 가파도에서 살아도 좋겠다는 생각이 들었다. 하지만 현실적으로 쉬운 문제는 아니었다. 아이들이 그립고 소중한 할머니의 말씀에 고개를 끄덕이며 미소를 지었다. 가파도에서 우연히 점심을 먹으러 들어간 해녀 할머니 집에서 후하고 따뜻한 인심과 푸근한 정을 느낄 수 있었다.

▲ 파란 제주님 덕분에 우리 아이들은 귤나무 심기라는 값진 체험을 했다. ⓒ박혜정

뿐만 아니다. 사실 처음 보는 사이인데 흔쾌히 농장에 초대해주셔서 아이들이 귤나무를 심는 값진 경험을 하게 해주신 '척수야 사랑해(척사)' 카페의 파란 제주님도 있었다. 그 비싼 아쿠아플래닛 입장권을 직원가로 무려 50% 할인을 받게 해주신 척사 카페의 혁이맘 님도 있었다. 그 외에도 제주에서 한 달을 지내며, 관광지나 음식점에 가면 많은 분이 할인을 더 해주시거나 서비스를 더 주시는 등 과분한 친절과 배려를 받았다. 이렇게 받은 사랑을 나도 누군가에게 베풀어야겠다는 생각이 들었다.

아이들의 원격수업이 오전에 대부분 끝나면, 리조트에서 점심을 챙겨

시련은 축복이었습니다

먹고 우리가 가고 싶은 곳으로 제주 안에서 여행을 매일 떠났다. 매일 여행하며 여유로움과 자유를 느낄 수 있었다. 휠체어 엄마인 나와 아이들은 제대로 힐링하는 시간을 보냈다. 그리고 내가 온전히 아이들과 함께하는 여행은 평소 일상생활에서는 쉽게 가질 수 없는 소중한 시간이 되었다. 아이들이 커서도 엄마와 함께한 제주에서의 한 달을 행복한 추억으로 간직하길 바랄 뿐이다.

그렇게 아이들과 휠체어 엄마의 행복한 제주 한 달 살기는 결국 끝이 났다. 행복한 여행은 한 달도 너무 짧게 느껴지고 아쉽고 또 아쉬웠다. 다시 일상으로 돌아가서 나는 일하고, 아이들은 등교하게 될 것이다. 그러나 제주에서 받은 친절, 배려, 기쁨, 사랑과 감사의 마음은 정말 오래도록 남을 것 같다. 힘들었던 일들도 있었지만 정말 행복한 추억이 가득했던 한 달 살기였다. 나뿐만 아니라 우리 아이들에게도 따뜻한 제주 분들의 사랑과 감사는 가슴 속에 깊이 오래 남아 있으면 좋겠다.

4장

내가 여행을 통해 깨달은 것들

01

/

넘어지면서 배우는 행복

어릴 때부터 자신감을 많이 가지게 해주신 부모님 덕분에, 크게 망설이지 않고 행동을 하는 것 같다. 어떨 때는 생각이 다 끝나지 않았는데 행동하고 있는 나 자신을 본다. 또한 나는 겁이 별로 없는 편이다. 그렇다 보니 행동이 앞서서 실제로 철퍼덕 넘어지거나 겁 없이 사고를 많이 내고 다닌다.

불의의 사고 후, 의사가 평생 휠체어를 타고 살아야 한다는 엄청난 말을 내게 했다. 그 말을 듣고 당연히 '내가 왜? 나한테만 왜 이런 일이 생긴 걸까?'라는 좌절의 시간을 겪었다. 정말 받아들이기 힘들었고, 죽고 싶은 순간도 많았다. 그런데 다른 중도 장애인에 비교해서 좌절의 시간이 그리 길지는 않았다.

1년 6개월의 병원 생활 이후, 집에서 시간을 보내며 어느 정도 마음을 회복했다. 그 뒤 나의 결론은 '그냥 휠체어 타고 살면 되지, 어쨌든 살아 있잖아.'였다. 물론 지금까지 29년 동안 장애로 인해 힘든 일을 겪을 때마다 수없이 좌절했다. 그렇지만 참 단순하고 겁이 없는 성격 덕분에 깊은 좌절과 시련의 시간이 그리 길지는 않았다.

부산 토박이인 내가 대구로 대학을 가서 1학년 2학기가 끝나고 겨울이 왔을 때이다. 대구는 부산에 비하면 훨씬 덥고, 훨씬 추웠다. 부산에서는 구경하기 힘든 눈도 오는 날이 꽤 많았다. 부산 촌년이 대구에서 첫눈을 본 그날, 아이처럼 뛰어다니며 눈사람도 만들고 싶었다. 너무 신이 났다. 그래서 밖으로 나가보자는 생각에 기숙사 바깥으로 나갔다. 눈이 꽤 많이 와서 비장애인이 섰을 때 무릎 이상의 눈이 쌓여 있었다. 그 정도 높이라고 느끼긴 했는데 겁이 없는 나는 행동이 앞섰다.

휠체어로 기숙사 바깥을 나가는 순간, 휠체어 큰 바퀴의 반이 눈에 푹 빠져서 꼼짝달싹할 수 없었다. 방학이어서 지나가는 사람이 아무도 없었다. 나는 꼼짝없이 눈에 파묻혀 움직일 수 없는 상태로 외쳤다. "도와주세요~! 도와주세요~!"

그때는 핸드폰도 없던 시절이라 전화를 할 수도 없었다. 내 간절한 외침을 누군가 듣기만을 바라며 열심히 소리쳤다. 한 10~20분쯤 지났을까 내 간절한 목소리를 듣고 나온 건지 모르겠다. 한 여학생이 나왔고, 눈에 파묻혀 있는 나를 보고는 놀라서 얼른 다른 사람들을 데리고 왔다. 드디어 나는 구출되었다. 푸하하~.

또 눈이 내린 날, 나는 생초보인 주제에 차를 끌고 나갔다. 기숙사에서 나와 오르막을 오르는 순간, 내 애마는 갑자기 썰매를 타기 시작했다. 핸들도 조정이 안 되고, 브레이크도 무용지물이었다. 나는 정말 너무나 당황했다. '아~ 이건 도대체 무슨 상황이지?' 하는 찰나, 차는 빙그르르 돌고 돌아 길가에 있는 나무를 처박았다. 그 사고로 아빠에게 눈 오는 날 체인도 없이 나갔다고 나는 엄청나게 혼이 났다.

그 외에도 초보운전 딱지를 겨우 뗀 한 3~4년간 수많은 사고를 냈다. 속도도 겁 없이 많이 내고 다녔다. 운전에 대한 감도 없이 어찌 그리 빨빨거리며 다녔는지 모르겠다. 급커브 구간인데, 옆에서 같이 커브를 돌던 시내버스를 들이박기도 했고, 유턴하다 핸들을 놓쳐서 서 있던 택시를 들이박았다. 브레이크를 늦게 잡아서 신호대기하고 있는 차 뒤를 박은 것도 몇 번이나 있었다. 막 끼어들기를 하다 접촉사고가 난 적도 몇 번 있었다. 그렇다 보니 아빠가 "네 차에는 자석이 있냐."라며 맨날 혼이 났다.

한번은 아는 지인들과 식당을 갔다. 그런데 그 식당은 입구에 계단이 5칸 정도 있었다. 감사하게도 그 식당 주인이 휠체어를 타는 나를 배려해 입구에 나무판을 대서 들어오기 쉽게 해주셨다. 임시로 만들다 보니 경사가 굉장히 높아서 들어갈 때는 밀어주셨다.

식사를 마치고 나올 때 잡아주겠다고 하는 분들에게 "나 혼자 내려갈 수 있어요!"라고 말했다. 그리고 나는 자신 있게, 겁도 없이 내려갔다. 3분의 2쯤 경사를 내려오는데, 경사가 워낙 높다 보니 휠체어가 앞으로 훅 기우는 걸 느꼈다.

앗! 그걸 느끼는 그 순간, 애니메이션의 한 장면처럼 철퍼덕~! 나는 땅으로 그대로 엎어졌고 뒤에서 키득거리는 소리를 들었다. 너무 쪽팔렸다. 그러나 그것보다 이마가 너무 아팠다. 이 사건으로 벌겋게 혹이 난 이마와 까인 무릎 때문에 한동안 아팠다. 그 뒤로는 경사가 심할 땐 무조건 꼭 잡아달라고 한다.

이렇게 나는 겁이 없고 행동이 앞서다 보니 다른 사람보다 철퍼덕, 우당탕 더 많이 넘어진다. 실제 휠체어를 타고 수백 번 넘어졌지만, 마음의 좌절로도 수없이 넘어졌다. 휠체어를 타든 안 타든, 살다 보면 누구나 넘어질 수밖에 없다. 넘어지는 게 무섭고 두려워서 시도조차 못 한다면, 정말 아무것도 할 수 없다. 얻는 것 또한 아무것도 없을 것이다.

나는 운전 초보 시절, 3~4년 동안 교통사고를 수없이 냈다. 하지만 그 이후로는 거의 교통사고를 내지 않았다. 조심성을 기를 수 있었고, 여러 교통사고에 잘 대처하는 방법을 배웠다.

눈에 파묻혔던 아찔한 경험과 겁 없이 경사를 내려와서 철퍼덕했던 너무 쪽팔리고 아픈 경험이었다. 하지만, 수많은 경험을 통해 내면의 강인함을 기를 수 있었다. 그리고 시간이 지나 지금은 피식 웃음이 나는 경험이 되었고, 행복을 주는 추억이 되었다.

2006년에 미국에서 어학연수 겸 여행을 할 때이다. 번지점프나 패러글라이딩 스카이다이빙, 그런 걸 TV에서 보면서 언젠가 꼭 해보고 싶다고 생각을 했었다. 당시 한국에서는 하반신 마비인 내가 할 수 있는 곳은 없었다. 번지점프는 다리에 힘이 없어서 안 될 것 같았고, 패러글라이딩이나 스카이다이빙 중에 생각해보니 스카이다이빙이 더 짜릿할 것 같았다.

뉴욕에 있던 나는 뉴욕 근처에 스카이다이빙을 할 수 있는 곳을 알아보았다. 뉴욕에서 고속버스로 한 3시간 거리의 뉴폴츠라는 지역에 있는 Skydive the Ranch라는 업체를 찾았다. 그 업체에 전화를 걸어 내 상황을 얘기하니 할 수 있다고 했다. 물론 바로 예약했다.

그리고는 뉴폴츠까지 가는 그레이하운드 고속버스를 예매했다. 고속버스 회사에 휠체어 리프트 서비스를 신청했다. 또, 뉴폴츠 터미널에서 그 업체로 가는 버스를 알아보고 휠체어를 타고 혼자 씩씩하게 갔다.

4장_내가 여행을 통해 깨달은 것들

드디어 스카이다이빙을 하던 날….

완전 설레고 부푼 마음을 안고 4시간 만에 무사히 도착했다. 안전교육을 듣고 나와 같이 묶여 뛰어내려줄 교관과도 인사를 하고 주의사항을 들었다. 나의 경우는 착지할 때 내 다리로 설 수 없으니 무릎을 아예 묶고 다리를 가슴 쪽으로 감싸 안으라고 했다. 그러면 대신 숙련된 교관이 땅에 발을 딛고 나를 휠체어에 앉혀줄 거라고 했다.

▲ 스카이다이빙을 함께 뛰어 내려준 교관과 함께 ⓒ박혜정

두둥~~~. 경비행기를 타고 나서야 실감이 확 나고 심장이 나대기 시작했다. 7000피트(약 2.13km) 상공으로 경비행기는 올라갔다. 나의 교관과 내가 뛰어내릴 차례가 오자 겁대가리 상실한 나도 겁이 나기 시작했다.

시련은 축복이었습니다

쓰리, 투, 원! 소리와 함께, 나의 준비와는 상관없이, 내 뒤의 교관은 푸르른 하늘로 망설임 없이 뛰어내렸다. 허공으로 한 바퀴 돌고 바로 하락하는 게 느껴졌다. 나는 그때 정말 죽음의 공포를 느꼈다. '이대로 진짜 죽는구나! 그동안 잘 살았나? 이렇게 죽으면 후회되는 일이 뭐지?' 파노라마처럼 내 인생이 그 짧은 순간 머릿속을 지나갔다.

▲ 경비행기에서 뛰어내리던 순간, 죽음의 공포를 느꼈다.

하늘을 날고 있다는 자유로움은 정말 최고였다. ⓒ박혜정

그렇게 죽는다고 생각한 순간, 낙하산이 펼쳐지면서 다시 하늘로 솟아올랐다. 낙하산을 타고 내려오는 한 10~20분은 죽음의 공포가 지나가고, 스카이다이빙을 한 게 정말 잘했다고 느끼기에 충분하고 넘쳤다. 죽는 날까지도 내 기억, 마음속에 남을 황홀한 풍경이었다. 산뜻한 바람을 느끼며 날고 있다는 자유로움은 말로 표현하기 힘들 정도였다.

4장_내가 여행을 통해 깨달은 것들

정말 오래도록 잊지 못할 특별하고 행복한 경험을 하고 난 뒤, 무사히 나의 교관은 안전한 착지를 해주었다. 땅에 내려와서도 한동안 흥분이 가라앉지 않았다. 내가 해냈다는 뿌듯함과 진정 살아 있음의 두근거림이 느껴졌다.

겁이 없어 다치기도 하고 아찔한 상황도 많이 겪는 나를 주변 지인들이나 특히 부모님은 걱정을 많이 하시긴 한다. 하지만, 나는 내가 넘어지면서도 했던 일들이 단지 너무 재밌었고 좋았다.

휠체어를 타서, 하반신 마비라서, 다칠까 봐 무서워서, 넘어질까 걱정이 되어서 못 했다면, 하늘을 나는 내 인생 최고의 경험을 절대 할 수 없었을 것이다. 넘어지면서, 넘어졌기 때문에 배우는 행복을 결코 느끼지 못했을 것이다. 그리고 해서 후회한 일보다 하지 않아서 후회하는 일이 더 많다는 걸 분명히 알기 때문에, 나는 넘어지면서도 계속 행복을 배운다.

시련은 축복이었습니다

02

/

<u>실행의 마법을 경험하라</u>

첫째가 4살, 둘째가 3살이 되던 해, 나는 큰 결심을 했다. 아이들을 데리고 해외여행을 가 보기로 말이다. 여행을 정말 미치도록 좋아하는 나였지만, 도무지 연년생을 데리고 여행을 간다는 것은 그때까지 엄두가 나지 않았다.

둘째는 조금 순했지만 너무 어렸고, 첫째가 밤에 이유 없이 깨서 1~2시간을 우는 야경증이 있었고, 낯가림 대마왕에, 먹는 것도 너무도 안 먹는 까탈, 예민 덩어리였기 때문이다.

여태까지 집에서 친정엄마와 나, 어떨 때는 친정아빠, 남편, 활동지원사 이모님 이렇게 다 붙어서 육아를 하는 데도, 연년생을 키우기에 힘들어서 허덕이고 있었다.

유독 잘 울고 짜증이 많고 밥도 안 먹으니 첫째로 인해 모두가 너무 지쳐 있었다. 아무리 순하다 해도 아기인 둘째까지, 함께 여행하는 것은 꿈같은 일이었다.

여행을 못 가면 좀이 쑤셔서 미치는 나는, 첫째만 있을 때 친정엄마께 맡기고 남편과 짧게 다녀온 여행이 전부였다. 근데 갈수록 자꾸 여행이 가고 싶어 미치겠는 거다. 친정엄마한테 둘을 다 맡기고 가기는 너무 미안한데, 정말 갈 방법이 없을까 궁리를 했다.

궁리한 끝에, 모두 함께 가는 방법을 생각해냈다. 연년생 코 찔찔이 둘을 데리고 가기 위해서는 남편과 내가 그나마 친정엄마, 친정아빠가 함께 여행을 가면 그래도 좀 갈 수는 있겠다는 생각이 들었다. 친정 부모님 찬스를 써서 남편, 나, 연년생 코 찔찔이 둘~ 모두 함께 여행을 가면 되겠단 생각이 들었다. 그 생각이 들고는 바로 어디로 갈지 찾아보고 곧바로 정보 검색에 돌입했다.

가족여행, 특히 어린아이들을 데리고 갈 곳을 검색하니 필리핀, 베트남, 괌, 말레이시아 등 몇 군데가 나왔고, 하나하나 검색했다. 내가 가본 곳은 좀 제외하고, 새로우면서 뭔가 끌리는 곳을 가고 싶었다.

시련은 축복이었습니다

정보를 찾던 중 말레이시아 코타키나발루에서 반딧불이 투어를 할 수 있다는 걸 알게 되었다. 반딧불이 투어를 보자마자 바로 코타키나발루를 가야겠다는 생각이 들었다. 갈 곳을 정하고는 비행기와 숙소를 예약하고, 몇 가지 할 만한 투어도 예약을 하며 부푼 꿈과 설렘에 너무 행복했다.

그런데 준비를 어느 정도 해놓고 보니, 슬슬 걱정이 되기 시작했다. 집에서 어른 5명이 지칠 정도로 힘든데, 만약에 여행 가서 더 힘든 상황이 오면 어떡하지? 혹시나 애들이 아프면 어떻게 하지? 첫째가 밤마다 울면 어떡하지? 맨날 울고 떼쓰고 짜증내면 어쩌지? 밥도 안 먹으면 뭘 먹이지? 비행기에서 울면 어떡하지 등등 가기 전날까지 오만 걱정이 다 들었다. 출발하는 날까지도 밤 비행기여서 타기 전까지 징징 울면 어쩌나, 비행기에서 내내 울면 어쩌나 걱정을 이만저만 한 게 아니었다.

드디어 비행기에 탑승했고, 언제 출발하느냐고 좀 보채긴 했지만, 비행기가 이륙하자마자 거의 바로 둘 다 잠이 들어버렸다. 너무 신기했다. 더 신기한 건 중간에 깨지도 않고, 5시간 비행 후, 착륙하니 둘 다 스르륵 깨는 것이 아닌가. 정말 마법이 일어난 것 같았다.

코타키나발루에서 지내는 4박 5일 동안에도 더운 날씨에 이리저리 다니고 해서 그런지 저녁을 먹고 나면, 잠투정을 조금 하다가 금방 잠이 들었다. 야경증이 있어서 매일 밤 1~2시간씩 울던 첫째가 밤에 살짝 좀 깬 것 말고는 아무 일도 없었다. 정말 희한한 일이었다.

코타키나발루에서 나는 애들 먹는 것도 걱정을 엄청나게 많이 했다. 그런데 생각보다 걱정할 일이 없었으며 오히려 집에서보다 훨씬 잘 먹었다. 나는 그저 그런 호텔 조식도 애들은 맛있다고 너무 잘 먹었다. 동남아의 길거리 음식은 어른도 호불호가 갈리는데, 그 까탈스러운 우리 아이들이 거부감 없이 먹는 거다. 참으로 놀라운 일이었다.

또한 특히 예민하고 까탈스러운 첫째가 여행을 오니 집에서와는 다르게 훨씬 덜 힘들게 했다. 낯가림이 엄청 심한 애가 여행을 와서 온갖 낯선 사람을 봐도 신기하게 울지 않았다. 여행병이 있는 나를 정말 닮아서 그런가 싶을 정도로 아무 일도 없었다.

또 한 가지, 너무 감동적인 일이 있었다. 연년생 첫째는 태어나서 기억을 할 즈음부터 동생을 안고 있는 엄마를 보게 되었다. 엄마의 사랑을 별로 차지하지도 못하고 동생에게 뺏겨 버렸다는 심한 좌절을 겪는다고 한다. 남편이 둘째 부인을 집에 데려오는 것만큼이나 심한 질투와 시기, 상실감을 느낀다고 한다. 그래서인지 우리 첫째는 집에 있을 때 그렇게 울고 짜증이 많았나 보다. 늘 질투심으로 동생을 예뻐하기는커녕 때리고, 장난감 하나 주지 않던 첫째였다.

동생에게 사랑 표현이라고는 전혀 하지 않던 첫째가 여행을 오니 동생

시련은 축복이었습니다

을 안아주는 거다! 탄중아루 해변에서 석양이 드리운 배경으로 첫째가
둘째를 안아주며 했던 이마 뽀뽀는 정말 잊을 수가 없다. 엄마인 내가 너
무 감격스러워서 그 사진을 아직도 보고 또 보고 한다. 그 장면은 육아
우울증에 힘들어하던 내가 진짜 힘듦을 벗어날 수 있던 계기가 되었다.
내가 이 세상에서 우리 아이들을 낳은 일이 제일 잘한 일이라는 생각이
들었기 때문이다.

▲ 탄중아루 해변 석양을 배경으로
첫째가 둘째를 안고 뽀뽀해주는 장면은 정말 감동이었다 ⓒ박혜정

쳇바퀴 도는 듯 지치는 매일의 일상을 벗어나 여행이 주는 환기는 삶
에 있어서 전환점이 된다. 아마도 우리 첫째가 네 살 인생에서 처음 가져
보는 여유와 환기였다는 생각이 든다. 여행을 통해 삶의 여유를 가지는
것은 누구에게나 필요한 순간에 숨통을 트이게 한다. 그리고 다시 힘내

서 살 수 있게 만드는 마법의 힘을 주는 것 같다. 육아 우울증과 불면증에 시달리던 내가 이 여행을 하고 난 뒤, 약이나 치료가 필요 없었던 것처럼.

　우리 가족의 첫 해외여행, 코타키나발루는 가족 모두에게 행복한 여행으로 기억되고 있다. 조금 힘드셨을 친정 부모님도 자식들과 손녀들과 함께한 여행이 너무 소중했다 하셨다. 나와 남편도 마찬가지로 일과 육아에 지쳐 있었는데, 힐링과 여유를 조금이나마 주었다.
　아이들은 아직까지도 코타키나발루의 숙소 침대가 너무 푹신했다고 말한다. 그리고 엄마, 아빠와 숙소 창문으로 봤던 별님에게 소원을 빌어서 너무 좋았다고 한다. 반딧불이 투어에서 배를 타고 봤던 반짝반짝 요정들을 여전히 기억하고 있다.

▲ 반딧불이 투어에서 봤던 반짝반짝 요정들을 아이들은 아직도 기억한다. ©박혜정

시련은 축복이었습니다

어딘가 새로운 곳에 가는 것, 무언가 새로운 도전을 하는 것은 누구나 걱정과 두려움이 가득할 수밖에 없다. 나 역시 마찬가지였다. 하지만 그럼에도 실행했을 뿐이다. 만약 하지 않았으면 더 후회했을 것은 분명하다. 왜냐면 우리 가족 모두에게 너무나 소중하고 행복했던 경험이 되었기 때문이다.

물론 코타키나발루에서 첫 가족여행이 안 좋은 기억들만 있었을 수도 있다. 그건 해보기 전에 장담하긴 어렵다. 그리고 안 좋은 기억이라도 그 안에서 배우고 느끼며 그조차도 추억과 교훈이 될 수 있다.

내가 만약 아이들에 대한 걱정과 낯선 여행에서 겪을 고난에 대한 두려움으로, 이 여행을 아예 실행하지 않았다면 어땠을까? 우리 가족이 가질 수 있는 행복한 기억은 진짜 하나도~ 없을 게 분명하다!

▲ 우리 가족과 친정 부모님은 이 여행으로 행복한 추억을 가질 수 있었다. ©박혜정

게다가 친정 부모님과 우리 가족이 걱정을 뒤로하고, 그래도 실행한 이 힐링 여행을 통해 우리 가족 모두가 훨씬 더 행복해지는 마법이 일어났다! 그러니 하고 싶은 일이 생기든, 여행하고 싶은 마음이 들면 앞뒤 따지지 말고 그냥 실행해보라!

실행의 마법은 어느 누구에게나 어떤 식으로든 일어날 것이다~!

여행의 참맛은 우여곡절이다

여행병이 있는 나는 정말 어디 갈 기회만 노린다. 시간적, 경제적 여유가 조금만 되면 어느새 비행기 표를 끊고 있다. 결혼 전에는 사실 이 일, 저 일 좀 하다 힘들면 그만두고 훌쩍 떠나기도 했다. 30대 초반까지는 시간적 여유보다 경제적인 여력이 안 되어서 여행을 자주 갈 수 없었다. 그러다 서른셋에 결혼을 하고, 허니문 베이비에 이어 연년생을 낳았다. 그러다 보니 3~4년은 갓난쟁이 둘을 데리고 가기가 힘들어 친정엄마에게 맡기고 남편과 짧은 여행만 다녀오곤 했었다.

이제 나는 돈도 모을 수 있고, 휴가도 마음대로 쓸 수 있다. 하지만 남편의 직업은 마음대로 시간을 낼 수 없는 일이다. 그렇다고 남편 없이 휠체어를 타고 나 혼자 애들 둘을 데리고 여행하는 건 얼마 전까지는 현실적으로 힘들었다.

그래도 다행히 결혼 후 3년 뒤부터 남편이 친정아버지의 작은 공장에서 같이 일하게 되었다. 손녀들을 끔찍하게 사랑하시는 친정아버지는 손녀들의 경험을 위해 여행을 가겠다고 하면, 1년에 두 번 정도는 남편이 여행을 갈 수 있도록 배려해주셨다. 그래서 두 아이의 적금을 제외하고 노후 자금이나 여윳돈 따위는 안중에도 없이, 300~400만 원 정도만 모이면 여행을 갔다. 여행을 위한 적금을 넣었다가 만기가 되었을 때는, 37일간의 장기 여행을 가기도 했다.

이런 나에게 주변 사람들은 왜 그렇게 여행을 미치도록 가는지, 한 달이나 왜 제주도 살기 여행을 가는지 묻기도 했다. 또한, 이런 우리 가족을 부모님, 친척들, 지인들은 부러워하면서도 그렇게 노후도 생각하지 않고, 여윳돈도 없이 여행에 흥청망청(?) 돈을 쓰는 나를 한심하게 쳐다보기도 했다. 나도 사실 돈을 좀 모아야겠다는 생각이 안 드는 건 아니다. 나는 먹는 것에는 돈을 좀 쓰지만, 그 외의 돈은 여행을 위해 아끼고 모으는 편이다. 그렇게 돈이 조금이라도 모이면 여행이 가고 싶어 미칠 지경이다. 미칠 정도로 좋아서 그냥 여행을 가는 것뿐이다.

그리고 여행이 너무나 더 좋은 이유가 있다. 여행을 가면 새로운 환경과 상황에서 많은 우여곡절을 겪을 수밖에 없다. 그런 우여곡절을 즐기

시련은 축복이었습니다

며 하나하나 해결하면 자신감이 더 생기는 경험을 많이 했다. 남편은 나를 만나기 전에 여행이라고는 가본 적이 없는 사람이었다. 나로 인해 가게 되는 여행을 좋아할지 걱정되었지만, 남편도 여행을 점점 즐기는 게 느껴졌다. 새로운 환경에서 언어가 안 되는데도 문제를 척척 해결해내는 남편이 멋져 보이기도 했다. 본인 스스로도 굉장히 뿌듯해한다. 남편도 새롭고 멋진 경험과 도전을 즐기는 사람이 되었다.

    37일 동안 미국, 캐나다, 멕시코를 여행할 때였다. 당시 아이들은 여섯 살, 일곱 살이었다. 첫째가 초등학교에 입학하기 전이었다. 그날은 미국 그랜드캐니언에서 라스베이거스를 거쳐 LA로 가야 했다. 여행 계획을 세우면서 그랜드캐니언에서 LA까지의 거리를 제대로 확인하지 않은 게 실수였다. 쉬지 않고 렌터카로 달려도 7시간 30분을 가야 하는 거리였다. 그런 데다 어떻게 건물이나 가게, 심지어 주유소조차도 하나 없는 허허벌판이 있을까 싶은 길을 온종일 달리게 되었다. 보이는 것은 나무와 풀밭, 그리고 자동차도로뿐이었다.

    정말 몇 시간을 달려도 아무것도 없었다. 배고프다는 아이들 때문에 내비게이션에 만만한 '맥OOO'를 검색해보는 것 말고는 식당을 찾을 수도 없었다. 가던 길에서 빠져나와 가까운 맥OOO에 들러서 아침도 맥O겟, 점심도 맥O겟으로 때웠다. 미국의 햄버거는 너무 크고 짜고 입맛에 맞지 않아서 피치 못할 맥O겟 데이였다.

219

4장_내가 여행을 통해 깨달은 것들

그렇게 한참을 가던 중, 갑자기 둘째가 화장실에 가고 싶다고 했다. 덩달아 첫째도 오줌이 마렵다고 했다. 처리할 시설이 아무것도 보이지 않아서 정말 난감했다. 급하다고 보채고 징징대는 애들을 어르고 달래서 20분쯤 달렸을 때, 겨우 조그만 가게를 하나 발견했다. 휠체어를 빼어야 하는 내가 내리기는 힘드니 남편에게 들어가서 어떻게든 해결하고 오라고 애들과 함께 보냈다.

조금 시간이 지난 후 애들이 막 깔깔거리며 남편과 돌아왔다. 그러면서 애들이 하는 말이 "엄마, 아빠가 베이비 쉬~ 베이비 쉬~~~ 했어~." 라고 했다. 나는 정말 빵 터졌고, 남편은 "봐~ 영어 못 해도 다 되지? 베이비 쉬 하니 다 알아듣더라~." 하며 머쓱해하다 으쓱거렸다. 너무 웃기기도 했지만, 주눅 들지 않고 자신 있게 해결하고 온 남편이 대견했다.

게다가 가다가 보니 기름이 거의 떨어져갔지만, 주유소가 없어서 왔던 길을 다시 한참 돌아가서 기름을 넣고 오기도 했다. 모두가 힘들게 거의 10시간 만에 L.A. 시내에 도착했다. 저녁도 코리아타운에서 파는 통닭을 포장해서 숙소에서 먹을 생각이었다.

이런 여행의 우여곡절은 계속 이어졌다. 숙소에 거의 도착했을 때, 아뿔싸! 렌터카 뒤 타이어가 터진 것이다. 자동차 정비소 몇 군데를 가 봤지만, 다 문을 닫은 후였다. 렌터카 영업소도 이미 문을 닫은 게 분명했다. 결국, 렌터카 영업소는 내일 가 보기로 하고, 모두가 지쳐서 숙소로 그냥 왔다.

사실 이날은 마흔이 되는 내 생일날이었다. 정말 오래도록 기억에 남을 생일이 되었다. 온종일을 차에서 보낸 것도 그렇고, 아침, 점심, 저녁까지 입에서 닭 냄새가 나도록 닭고기만 먹은 것도 그랬다. 저녁거리를 사러 가는 길도, 숙소로 오는 길도 찾느라 헤맸을 뿐더러 마지막에는 렌터카 타이어까지 터지는 것으로 마무리한 하루였기 때문이다.

하지만 남편의 어록 '베이비 쉬~'는 나에게 그 어떤 유머보다 최고로 큰 웃음을 주었다. 그리고 숙소에 와서 통닭을 먹으며 생일 축하 노래 선물을 받고, 아이들이 전해 준, 삐뚤빼뚤 쓴 사랑의 쪽지는 내게 감동을 주었다. 아~ 오래도록 기억에 남을 마흔 생일날, 여행의 우여곡절 속에서도 난 정말 너무 행복했다.

▲ 우여곡절 속에도 행복한 가족여행이었다. ⓒ박혜정

우리 아이들도 여행을 통해 더 많이 성장하고 성숙해져가는 게 확연히 보였다. 둘째가 세 살, 첫째가 네 살 때 처음으로 갔던 말레이시아를 시작으로 일본 세 번, 베트남 두 번, 괌, 대만, 필리핀, 미국 두 번, 캐나다, 멕시코, 도미니카 공화국 등 꽤 많은 나라를 여행했다. 분명히 아이들의 견문과 시야는 또래들보다는 넓어졌을 것이다. 그리고 우여곡절을 즐기며 얻은 극복의 힘은 아이들에게 든든한 자산이 될 것이다.

새로운 걸 별로 두려워하지 않는 내 영향이 있겠지만, 신체적인 불편함으로 인해 엄마가 해주지 못하는 부분을 아이들이 스스로 더 잘할 수 있게 된 것 같다. 어느 나라, 어떤 상황에서도 엄마 아빠의 도움 없이 주문한다든지, 혼자 물건을 사 오라고 하면 다섯, 여섯 살부터는 큰 두려움 없이 해내는 아이들이었다. 낯선 사람에게 길을 묻거나 어떤 일이든 도와 달라고 요청하는 등 크게 어렵지 않은 문제는 스스로 해결해내는 대견한 나의 딸들이다. 휠체어가 들어갈 수 없는 워터파크에도 티켓만 끊어주면, 둘이 가서 놀고 온다. 푸드코트에서 밥도 사 먹고, 다 놀고 나면 샤워까지 스스로 하고 알아서 나온다.

4년 전에 갔던 오사카에서 아이들을 잃어버린 경험이 있다. 오사카 도톤보리에서 유람선을 타기 위해 가던 중, 엄청난 인파 속에서 아이들이 어디론가 뛰어가면서 아이들을 놓쳐버렸다. 아이들이 보이지 않는 순간, 나는 정말 당황했고 눈앞이 완전 캄캄했다.

시련은 축복이었습니다

우리나라도 아닌 데다 사람이 정말 너무 많았다. 그런 상황에서 아이들이 없어진 것이다. 남편과 나는 정말 미친 사람처럼 도톤보리 강가를 따라 애들 이름을 부르며 뛰어다녔다. 한 30분이 30년같이 길게 느껴졌다. 아이를 찾아야 한다는 생각 말고는 그 어떤 생각도 들지 않았다. 결국, 나는 너무 암담하고 막막해서 울음을 터뜨렸다.

바로 그때, 구세주 같은 문자 한 통이 왔다. '아이들이 길을 잃어버렸다고, 연락해달라고 해서 문자 보냅니다. 아이들과 돈키호테 상점 근처에 있으니 얼른 오세요!' 나와 남편은 정신없이 돈키호테 상점으로 달려갔다.

▲ 오사카 도톤보리에서 아이들을 잃어버렸다. ⓒ박혜정

그런데 아이들은 울지도 않고 그냥 한국인 젊은 남자와 함께 서 있었다. 좋은 분을 만난 것도 다행이었고, 아이들을 찾은 것도 너무 다행이었다. 무엇보다도 너무 놀라고 당황하고 막막했을 텐데 울지도 않고 침착하고 대견하게 연락을 부탁한 아이들의 처신이 너무 자랑스럽고 사랑스러웠다. 이제는 지나가는 사람에게 휴대전화를 빌려서 나에게 전화를 거는 것쯤은 아주 별일도 아니다.

아이들은 아직도 서너 살에 처음 가족여행을 갔던 말레이시아에서의 행복한 기억을 얘기한다. 일본에서는 그렇게 길을 헤매고 다니며 겨우 온천을 찾아 같이 목욕했던 것, 베트남에서는 시장에서 쌀국수도 먹고, 소원을 적은 종이배를 강가에 띄운 것을 기억한다. 대만에서는 비를 쫄딱 맞으며 아빠와 함께 야시장을 구경한 것, 필리핀에서는 아빠와 호핑 투어도 하고 선상에서 물고기를 잡은 것 등, 수많았던 행복의 순간들을 기억한다.

그 뒤에 여행한 미국이나 캐나다, 멕시코, 도미니카공화국은 더 컸을 때 갔으니 더 많은 추억을 지니고 있을 것이다. 분명히 우리 아이들은 가족과 함께했던 여행에서 소소하지만 수없이 행복했던 추억들을 가슴속에 지니고 있다.

아무것도 예측할 수 없는, 때론 당황의 연속을 겪게 되기도 하는, 그래서 더 흥미진진한 여행의 참맛은 우여곡절이다. 그런 우여곡절들을 함께

시련은 축복이었습니다

헤쳐 나가면서 우리 가족은 이렇게 우리만의 행복한 기억과 추억을 만들 수 있었다. 여행을 통해 우리 가족만의 우애, 서로 사랑하는 시간과 경험을 공유하고 느낀다는 것은 정말 무엇보다 소중하다.

그러므로 나는 여행을 절대 포기할 수 없다. 또한, 나와 남편, 아이들에게 여행은 돈의 가치와도 절대 바꿀 수 없다. 더군다나 이제는 커 가는 아이들을 보며, 조금만 더 지나면 함께할 수 없을지도 모른다는 불안감이 들어서 최대한 더 많이 여행하고 싶다. 앞으로 부모와의 여행을 아이들이 원하지 않는 나이가 되면, 그때는 하고 싶어도 못 하는 것임을 알기 때문이다. 그리고 신체적으로 불편한 내가 엄마로서 아이들에게 해줄 수 있는 건, 사랑이 듬뿍 담긴 행복한 기억과 추억을 만들어주는 것밖에는 없기 때문이다.

/

좌절을 쉽게 허락하지 말 것

남편 없이 휠체어 타는 엄마인 내가 아이들과 제주에서 한 달을 살기로 마음을 먹고, 준비하는 과정에서 수없는 좌절을 겪었다. 우선 숙소만 해도 솔직히 말하면, 외국보다 숙소 정하기가 더 힘들었다. 물론 외국 해 봤자, 내가 가 본 몇 나라이지만, 휠체어 탄 내가 아이들과 한 달을 편하게 살 수 있는 숙소를 찾기가 힘들었다. 당시 11살, 10살인 아이들이 즐길 거리도 있어야 하고, 휠체어 시설이 된 곳도 찾아야 하니 말이다. 제주 한 달 살기 숙소를 검색하면 엄청나게 많지만, 휠체어를 타는 엄마가 아이들과 있을 곳은 많지 않았다. 더구나 나는 형편상 비싼 숙소는 할 수 없었기에, 1박에 5만 원 이하를 원했다.

　정말 찾고 또 찾으니, 구하면 길이 열린다고 했다. 코시국에 모두 여행을 꺼릴 때라 제주 ○○○○리조트라는 곳에서 한 달 살기 이벤트로 엄청나게 할인된 가격을 찾을 수 있었다. 무엇보다 휠체어 시설이 대부분 잘 마련되어 있었다. 게다가 가격이 1박에 4만 원 정도였고, 조식 포함, 3일에 한 번 청소 포함, 사계절 미온수 수영장과 위치까지 모든 게 너무 좋았다.

　숙소가 결정되었으나 이번엔 렌터카가 문제였다. 장애인 렌터카는 제주에 딱 한 곳밖에 없다. 그런데다 장기 렌터카는 문의해보니 금액이 어마어마했다. 한 달 숙소 가격의 몇 배 이상의 금액이었다. 후아~ 차가 없으면 어디를 다닐 수도 없고, 내가 아이들을 데리고 제주에서 대중교통을 이용한다는 건 현실적으로 불가능했다.

　이동 수단이 안 되니 정말 막막했다. 꿈꾸던 제주 한 달 살기는 나 같은 사람은 안 되는 건가 좌절했다. 그때 불현듯 부산에 살던 사촌 동생이 제주에서 일하고 있는 게 생각이 났다. 사촌 동생에게 자차를 어떻게 제주로 옮겨 갔는지, 방법과 비용을 물어보았다. 동생에게 물어보길 정말 잘했다! 동생은 내가 전혀 몰랐던 탁송 서비스를 알려주었다.

　탁송 서비스는 배달의 민족, 정말 우리나라라서 가능한 서비스라고 생각한다. 탁송 기사님이 여행 가기 하루 전에 집으로 와서 자차를 가까운 항구로 가져가서 제주항으로 실어 나른다. 우리는 다음 날 항공편으로 제주공항에 가면, 탁송 기사님이 원하는 시간에 자차를 제주공항에 가져 다주는 서비스이다. 내가 놀랐던 것은 그렇게 편리한 서비스인데 가격이 장애인 렌터카 비용의 1/6도 안 된다는 것이다. 비장애인 렌터카 비용을 따져도 1/4 가격이었다.

우리 차에 아이들의 책과 노트북, 아이패드, 짐을 잔뜩 실어 보내니 이 것 또한 너무 좋은 점이었다. 다음 날 우리는 간단한 짐만 가지고 제주로 가는 비행기에 몸을 실었다. 아이들도 한껏 신이 났고, 나도 오랜만의 여 행에 너무 설렜다. 짧게 다녀오는 제주 여행과는 다른 한 달 살기가 얼마 나 멋진 일이 가득할지 두근두근 너무 기대되었다.

이렇게 숙소와 차량을 해결하고 나니, 아이들의 학교 문제가 걱정되었 다. 한 달을 몽땅 결석하게 할 수도 없고, 아이들과 한 달 살기를 해야 하 니 방법을 찾아야 했다. 또다시 검색에 검색을 거듭한 결과, '교환 교류 학습'이라는 방법을 알게 되었다. 도시가 아닌 농어촌, 산간 지역, 외곽 지역의 학교에 한 달 이상 전학 없이 갈 수 있는 방법이었다. 각 학교장 의 허가만 받으면 결석 처리 없이, 낯선 곳에서 생활하며 그곳의 학교에 다닐 수 있었다. 제주도도 해당이 되는 지역이었다.

하지만, 우리가 갈 리조트 근처 세 군데의 초등학교와 심지어 아예 떨 어진 몇 군데의 초등학교에까지 문의를 해봤지만, 모두 거절당했다. 나와 아이들의 제주 살기는 작년인데, 2015년 즈음부터 제주 한 달 살기 붐이 일어서 교환 교류 학습이 많이 이루어졌다고 한다. 문의한 학교 선생님께 내가 하도 사정사정하니 자초지종을 설명해주셨다. 그렇게 타지의 학생들을 받으면서 오히려 본교의 학생들이 피해를 보는 일들이 일어났고, 대부분의 제주 지역 초등학교는 교환 교류 학습을 받지 않는다고 하셨다.

한참을 알아보고 문의했지만, 방법이 없는 것 같아 또 좌절했었다. 그러면 다른 방법이 없을지 찾아보니, 전입신고를 통해 고작 한 달이라도 전학하는 방법이 있었다. 하지만, 이 방법도 우리의 숙소인 리조트는 전입신고를 위한 거소증조차 끊어줄 수 없다고 해서 안 되었다.

아~ 도대체 어떻게 해야 하나 싶었다. 아이들과 같이 가기로 했는데, 나 혼자 갈 수도 없고 못 간다고 하면 아이들이 얼마나 실망할까! 며칠을 곰곰이 생각했다. 가만 생각하니 코시국이니 할 수 있겠다 싶은 방법이 떠올랐다. 당시에 아이들은 일주일에 겨우 한 번, 아니면 두 번 등교하고 나머지는 원격수업을 했다. 원격수업이야 와이파이만 되면 어디서든 할 수 있는 게 아닌가! 등교일은 체험학습을 쓰고, 안 되는 며칠만 결석하면 된다는 생각이 들었다.

다음 날 담임 선생님께 말씀을 드리니, 역시나 처음에 난감해하시긴 했다. 한 번도 이런 일이 없었고, 우리 아이들 학교에서는 제주 한 달 살기를 아이들과 간다는 엄마도 처음 보신다고 했다. 어쨌든 교감, 교장 선생님과 의논을 하겠다고 하셨고, 며칠 뒤 드디어 허락을 받았다.

그렇게 휠체어 타는 엄마와 아이들의 제주 한 달 살기가 시작되었다. 하지만 첫날부터 고난의 연속이었다. 제주공항에서 자차를 찾아 리조트에 도착해서 짐을 풀고 정리하는 게 일이었다. 남편이 없는 상황에서 나는 아이들에게 도우라고 했지만, 결국 대부분 내 일이었기 때문이다. 리조트 직원이 방까지는 많이 옮겨줬지만, 하나하나 정리하는 것도 너무 힘들었다.

게다가 체크인을 할 때, 장애인 객실이 없다고 해서 짐을 다 정리했다. 그런데 장애인 객실이 나왔다고 다시 옮겨야 했을 때는 극한 체험 같았다. 힘들게 정리한 짐을 다시 다른 방으로 옮기고 정리해야 했으니까.

▲ 리조트 방 안의 짐 정리를 혼자 다하고 뿌듯했다. ⓒ박혜정

시련은 축복이었습니다

그리고 2~3일이 지나자 빨래를 해야 했다. 거의 모든 시설이 휠체어로 가기에 불편함이 없는 리조트인데, 딱 한군데! 세탁기가 있는 곳은 턱이 30cm나 있었다. 재활용품 분리수거장과 세탁기가 함께 있는 곳인데, 도저히 들어갈 방법이 없었다. 하는 수 없이 아이들에게 시키고 밖에서 애가 타서 어떻게 하라고 말을 하는데, 하필 허벅지에 올려놓았던 세제가 다 쏟아져버렸다. 세제 가루가 완전 범벅이 되었고, 깔고 있던 방석의 사이사이 들어가서 엉망이었다. 정말 울고 싶었다. 그 순간 내가 뭐 하자고 이런 고생을 사서 하나, 나한테는 왜 이런 힘든 일만 생기는 건가 원망스럽기까지 했다.

그 찰나 지나가던 객실 팀장님이 보시고 도와주셨다. 그 뒤에도 방으로 찾아와서 명함과 자기 연락처를 주며 필요한 게 있으면 언제든 연락하라고 해주셨다. 애들 공부할 책상이 필요하다니 세미나실 긴 책상을 갖다 주시기도 했다.

◀ 객실 팀장님이 세미나실 긴 책상을 갖다 주셨다. ⓒ박혜정

4장_내가 여행을 통해 깨달은 것들

"좌절은 쉽게 허락할 수 없다. 아무리 힘들더라도 솟아날 구멍은 무조건 있다!!!"

원격수업이 끝나면 아이들은 심심하다고 어디든 갈 곳이 없는지 종알종알 묻는다. 그렇기 때문에 나는 늘 아이들이 좋아할 곳, 내가 갈 수 있는 곳을 검색하느라 시간을 보내기 일쑤였다. 그날은 너무 먼 곳이 아닌 리조트 근처에 무언가 갈 곳이 없을지 찾았다. 한림공원이 있었고, 아이들이 즐길 거리가 많지는 않아도 가까우니 한 번쯤은 가보자고 했다.

한림공원에서 열대 식물원부터 다양한 아열대 식물과 신기한 식물들을 보며 힐링의 시간을 보냈다. 그런데 나는 경사가 좀 있는 길이 나오거나 보도블록이 대체적으로 잘 깔려 있었지만, 나무의 뿌리들 때문에 울퉁불퉁해져 있는 길을 밀고 가야 하니 조금 힘이 들었다. 불쑥 올라와 있는 부분이 많이 있어서 휠체어 앞바퀴가 자꾸 걸리니 휠라이(휠체어 앞바퀴를 든 채로 가는 것)를 하며, 신경을 많이 쓰면서 갔다.

그런데 모든 관람로를 빠져나와서 경사로를 내려오려니 경사가 심한데다 중간이 약간 불룩 솟아 있었고, 돌이 군데군데 튀어나온 게 보였다. 나는 그냥 살살 내려갔다. 역시나 중간쯤 돌이 좀 튀어나온 부분에 휠체어 앞바퀴가 걸리는 느낌이 났다. 앞으로 넘어지겠다는 생각이 확 들어서 한쪽 브레이크를 잡았다. 브레이크가 한쪽만 걸린 채로 "엄마야!!!" 하

시련은 축복이었습니다

며 중심을 못 잡고 넘어질 듯 내려갔다. 그대로 땅에 처박기 일보 직전이었다.

천만다행히 어느 순간 나타나 앞에 있던 아줌마가 나를 안아주셨다! 아~~~ 살았다! 그 아줌마도 놀라서 나를 안아주며 "아고, 놀래라~ 큰일 날 뻔했네. 도와 달라 하지~."라고 말을 하셨다. 이 고마운 아줌마 덕분에 땅바닥에 철퍼덕은 면했고, 다칠 뻔한 사고도 피할 수 있었다. 정말 너무 감사했다.

▲ 이런 1~2cm의 턱에도 휠체어는
   걸린다. ⓒ박혜정

▲ 경사로 중간의 1~2cm 턱에 걸려
   크게 다칠 뻔했다. ⓒ박혜정

휠체어를 타게 되면, 당연히 수많은 계단이나 높디높은 턱뿐만 아니라, 비장애인은 결코 느끼지도 못하는 1~2cm 조그만 턱에도 걸려서 넘어질 수 있다. 땅이 울룩불룩, 울퉁불퉁하기만 해도 휠체어를 밀기가 너무 힘이 든다. 그래서 늘 경치나 구경거리를 감상하는 것에 집중하기보다, 땅의 상태만을 보고 다녀야 하니 온전히 즐기기가 힘든 것 같다. 또, 식당이든 어딘가를 가더라도 무조건 입구에 계단이나 턱, 화장실까지 일일이 알아봐야 한다. 그러니 맛집을 가고 싶어도 입식 테이블이 없거나 수많은 계단이 있고, 화장실도 들어갈 수 없다면, 맛 따위는 포기해야 할 때가 많다.

하지만 그렇게 힘이 들더라도, 혹시나 다치게 되는 경우가 생기더라도, 순간순간 좌절을 느끼게 되더라도 일단은 길을 나서야 한다. 내가 느낄 수 있는 만큼만이라도, 내가 할 수 있는 것만이라도 해보는 것이 나를 위한 최선의 길이다. 그리고 조금이라도 더 세상이 바뀌게 하는 길이다.

누구나 좌절의 순간이 크든 작든 온다. 그 좌절의 순간에 그냥 나는 안 되겠지, 방법이 없을 거라고 포기하지 않았으면 좋겠다. 한 번 넘어졌는가? 그러면 일어나야지! 두 번 넘어졌나? 그래도 일어나야지!! 세 번 넘어졌다고? 그럼에도 일어나면, 길이 보인다! 더 넘어지고 일어나면 더 좋은 방법과 희망찬 길이 당신 앞에 열릴 것이다.

휠체어를 타는, 하반신 마비인 내가 하는데, 당신이 왜 못 해? 할 수 있다!!!

시련은 축복이었습니다

05

/

장애조차 빛나는 사람이 되자

비행기를 탈 때 휠체어를 타는 나는 제일 먼저 탑승하게 된다. 대신에 내릴 때는 휠체어가 올 때까지 기다려서 마지막에 내린다. 전에 제주도를 오가며 비행기 안에서 다른 사람들이 다 내릴 때까지 좌석에 앉아서 내리는 사람들을 유심히 보게 되었다. 승무원들은 내리는 손님 한 명 한 명에게 일일이 '감사합니다, 즐거운 여행 되세요!'라고 인사를 했다. 그런데, 손님들은 그 인사에 제대로 대답하는 사람이 많지 않았다. 물론 밝게 대답하는 사람도 있지만 대부분 고개만 꾸벅하거나 내리기 바빠서 잘 쳐다보지도 않고 지나쳐버리는 사람이 많았다. 밝게 웃으며 인사하는 그

4장_내가 여행을 통해 깨달은 것들

한마디가 승무원들에게 일의 보람을 느끼게 해줄 수 있다. 나아가 인사하는 나도 기분 좋아지는 일인데, 사람들은 그걸 참 모르는 것 같다.

나는 아무나 어떤 사람에게도 먼저 인사를 잘하는 편이다. 지금의 아파트에 처음 이사 온 2013년부터 나는 엘리베이터나 현관에서 누구든 만나면 먼저 '안녕하세요!'라고 인사를 했다. 상대방이 인사를 받아주든 안 받아주든 상관없이 인사를 했다. 아예 대꾸를 안 하는 사람도 있지만, 대부분 인사를 받아준다. 그리고 다음에 만나면 서로 더 밝게 인사를 할 수 있게 되었다.

우리 아파트 106동 3~4라인 사람들은 모두 나와 인사를 하고, 그게 분명히 계기가 되어서 모두 서로 인사를 하며 지낸다. 내가 처음 이사 와서 이렇게 인사하는 분위기는 아니었다. 나의 인사를 열린 마음으로 받아주시는 분들께 정말 감사할 뿐이다.

내가 항상 인사를 하니 시키지 않아도 우리 딸들은 어른들께 먼저 인사를 한다. 그렇게 인사를 하는 것만으로 우리 아이들은 동네 어른들의 예쁨을 많이 받게 되었다.

이렇게 나는 인사를 먼저 하는 것만으로도 장애인에 대한 편견을 없앨 수 있다고 생각한다. 중증의 장애를 가진 사람이 먼저 밝게 인사한다면, 많은 사람이 장애인을 단지 불행한 사람으로만 보지는 않을 것이다. 더

시련은 축복이었습니다

나아가 밝은 인사를 하며 약간의 유머와 함께 긍정적인 말까지 한다면, 장애조차 빛나는 사람이 된다는 걸 믿고 있다. 그래서 나는 단지 만나서 지나치는 사람에게는 먼저 밝은 인사만 한다. 하지만, 어떤 일이 있어서 만나는 사람에게는 인사를 하며 약간의 유머를 곁들여 기분 좋아지는 긍정적인 말을 하려고 노력한다.

나는 휠체어 배드민턴 부산 팀의 회원이다. 매주 월, 수, 금요일 저녁 6시부터 9시까지 한 체육관에서 휠체어 배드민턴 운동을 할 수 있다. 하지만 나는 매주 3회 저녁 시간 모두 운동하기에는 남편과 아이들에게 미안하고, 일을 마치고 나면 너무 피곤하기도 하다. 그래서 일주일에 겨우 한 번이나 가끔 운동하러 간다.

그날도 피곤하지만 마음을 먹고 운동하러 갔다. 일을 마치고 시간이 없어서 나는 점심 이후로 아무것도 못 먹고 가게 되었다. 퇴근 시간이라 차가 엄청나게 막히기도 하고 배가 진짜 너무 고팠다. 이대로 체육관에 가서 운동하다가 쓰러질 판이었다.

그래서 체육관 근처쯤 왔을 때 내비게이션에 패스트푸드점을 검색해 보고 가게 되었다. 드라이브스루 지점은 아니었다. 패스트푸드점 옆에 공터가 있어서 일단 차를 대고 지나가는 사람에게 부탁하려고 했다. 차를 대고 보니 패스트푸드점의 주방 쪽 문이 열려 있었다. 나는 열린 문 사이로 직원을 불렀다. 다행히 그 직원에게 간단한 주문을 하고, 간단한 요깃거리와 커피 한잔을 받을 수 있었다.

그리고 그 직원에게 "덕분에 감사합니다! 여기 문이 안 열려 있었으면, 저 배고파 죽을 뻔 했어요~."라고 말했다. 그 직원은 맨 첨엔 무표정한 얼굴로 들어가려다가 그 말을 듣고 밝게 웃으며, "담에 배고플 때도 여기 꼭 오세요!"라고 했다. 나도 미소를 지으며 맛있게 먹고 더 즐겁게 운동할 수 있었다.

내가 가는 치과 의사 선생님께도 마찬가지로 처음 한두 번 갔을 때 치료를 받고 나서 "감사합니다. 선생님 인상도 좋으시고 따뜻하셔서 여기 계속 와야겠어요~. 앞으로 잘 부탁합니다!"라고 했다. 나는 이런 말이나 "선생님 치료도 너무 꼼꼼하게 해주시고 환자를 편하게 해 주셔서 감사합니다."라는 말을 했다.

이런 말들을 예의로 하는 말이 아니라 진심으로 하면 오히려 몇 배 더 내가 기분 좋은 일이 많이 생기는 걸, 수도 없이 경험했다. 이 치과 선생님은 나의 말 몇 마디와 행동에 나를 정말 좋게 보시고 간단한 거는 돈 안 받고 치료해주신 적도 많고, 얼마 전에는 심지어 크라운까지 무료로 해주신다고 했다.

아이들이 처음 피아노를 다닐 때, 아파트 상가 2층에 있는 학원이라 휠체어 타는 내가 올라갈 수도 없어서 선생님을 뵙지 못한다고 말씀을 드렸다. 그렇지만 문자나 카톡으로 언제든 선생님과 소통하겠으니 편하게

시련은 축복이었습니다

말씀해주시길 부탁했다.

그 뒤로 피아노 선생님이 '애들 왔습니다, 애들 마쳤습니다.' 카톡을 항상 주신다. 그러면 나는 언제나 '선생님 수고 많으셨습니다, 고생 많으셨습니다. 선생님이 애들한테 따뜻하게 대해주신다는 말을 들었습니다. 감사합니다. 좋은 하루 보내세요!' 인사를 했다.

그렇게 하는 학부모가 없어서인지 모르겠다. 애들이 피아노를 다닌 5년 동안 피아노 선생님은 자기 딸처럼 애들의 머리도 땋아주시고 예뻐하신다. 맛있는 것도 챙겨주시고 정말 따뜻하게 대해주신다. 그냥 매일 말 몇 마디 할 뿐이지만, 서로가 좋은 마음을 주고받으니 스트레스가 전혀 없고, 행복한 관계를 지속할 수 있는 제일 간단한 방법인 것 같다.

내가 자주 가는 건물의 주차장 아저씨도 내가 먼저 항상 인사를 하고, 좋은 말 한마디만 덧붙이면 그렇게 도와주려고 애를 쓰신다. 하루 종일 좁은 공간에서 소통 없이 앉아 계신 분이니 내가 하는 말이 그분에게 좋은 인상으로 남았는지 모르겠다. 가서 주차하고 건물로 들어가는 길에 밝게 인사를 하며 "고생 많으십니다~." 이렇게 한마디만 덧붙여도 건물로 들어가는 나를 밀어주시고 도와주신다.

나는 좋은 생각을 하고 좋은 말을 하면 좋은 일이 생기는 선순환을 믿고, 너무 많이 겪은 사람 중 하나다. 인사와 긍정적인 대화로 인해 서로 웃게 되고, 좋은 인상을 받게 되니 서로에게 뭐라도 하나 더 해주고 싶은 마음이 생기는 건 당연지사다.

또한 이런 경험을 계속하다 보니 나는 어디든 가면 도와주는 사람들이 많고 나를 환영하는 듯한 기분을 느낀다. 그러면 나는 무조건 그런 친절에, 한마디 더 응원의 말을 덧붙이려 노력한다. 기분 좋은 경험들이 쌓이니 나에 대한 자신감이 더 생기고 당당해졌다. 선순환이 이어지니 나 스스로가 좋고 더 밝아지고 사는 게 재미있어졌다. 모든 스트레스가 없다고는 말할 수 없지만, 큰 스트레스는 없어서 약간 짜증이나 우울감이 있어도 금방 털어내는 편이다.

그런 부분이 남편과 아이들에게도 전해지고, 아이들은 아직 크는 과정이지만 정서적인 문제는 거의 없는 것 같다. 그리고 아이들도 다른 사람에게 인사를 하고 말하는 것을 두려워하지 않는다. 타인과 인사, 긍정적인 대화를 나눌 수 있는 아이들이 되었다. 나는 그게 사는 데 정말 중요하다고 생각한다.

작년에 2박 3일의 제주 여행에서 나는 리조트 직원들과 또 먼저 인사하고 몇 마디 좋은 말을 늘 했다. 그랬더니 리조트 직원들과 많이 친해졌고, 특히 리조트 편의점 아줌마와는 언니, 동생 하는 사이가 되었다.

그 뒤 제주 한 달 살기도 같은 리조트에서 하게 되었다. 리조트에 도착해서 편의점에 물을 사러 갔더니 저 끝에 계산대에 있던 아줌마가 버선발로 뛰어나왔다. "어머! 언제 오나 했어요! 드디어 왔네요~!" 내가 뻘쭘

할 정도로 반겨주셨다. 우리 애들한테도 너무 잘해주시며, 맛있는 것도 많이 주셨다.

리조트 직원들도 나를 알아보고 먼저 더 필요한 게 없는지 자꾸 물어봤다. 첫날 저녁을 해 먹기 피곤해서 치킨 배달을 시켰다. 1층에서 직접 받아야 하는 치킨 배달이 오면 방으로 가져다주겠다며 먼저 얘기를 한다. 세탁실 문제로 어려움을 얘기했더니 객실 팀장님은 자기 연락처를 주며 언제든 불편한 게 있으면 연락을 하란다.

애들이 한담 해변에 있는 ○○○ 도넛에 가보자고 해서 갔다. 유명한 도넛 가게여서 대기 줄이 어마어마했다. 대기 줄 맨 뒤에서 줄을 서고 있었는데, 직원 옷을 입은 한 할아버지께서 코로나 때문에 거리두기를 지키도록 대기 열을 정리하고 계셨다. 나는 또 먼저 인사를 하며 "어르신, 힘드실 텐데 고생이 많으십니다~."라고 말했다.

그리고 얼마 뒤, 그 할아버지는 나랑 아이들을 따라오라고 하셨다. 따라가 보니 대기열의 맨 앞쪽 사람들에게 양해를 구하고 나와 아이들이 먼저 살 수 있게 해주셨다. 나는 너무 고맙기도 하지만, 뒤에 기다리는 사람들에게 너무 미안했다. 그래서 일단 보이는 사람들에게 "정말 미안합니다, 감사합니다." 인사를 했다.

아마도 나를 처음 봤을 땐 하반신 마비인 상태로 휠체어 타는 장애인이라 불행하게 볼 것이고, 동정심만이 가득할지 모른다. 그래서 도움을 주거나 더 베풀어주는 게 있다고도 생각한다. 하지만, 불행하고 좌절에 빠져 의기소침하고 우울할 것 같은 장애인이 먼저 밝게 인사하고 유머 있게 긍정적인 좋은 말을 한다면 어떤 느낌이 들까? 의외의 느낌이지만 당연히 그런 인사와 이야기를 듣는 상대방도 밝은 기운을 받게 될 것이다. 분명히 처음에는 동정심이었더라도, 좋은 말과 생각의 선순환 덕분에 나의 장애가 크게 느껴지지 않을 수 있다. 오히려 그로 인해 장애가 더 빛나 보일 수 있다고 확신한다.

시련은 축복이었습니다

06

/

그래도 가족이 행복이다

2005년 2월 나와 내 동생, 내 친구와 친구의 동생 이렇게 4명이 북경을 가려다 중국 비자를 미리 준비하지 못해서 대만을 가게 되었다. 나와 내 동생, 내 친구도 자기 동생이니, 말하자면 서로 가족끼리 같이 가게 된 거였다. 그때 이상하리만큼 대만의 2월은 비가 많이 왔다. 우리 네 명은 그래도 할 수 있는 것을 하며 나름 재밌게 여행했다. 그런데 서로 가족과 여행을 함께하니 크게 화나는 일이 아니었지만, 툭탁툭탁 하는 일이 생겼다.

아마도 그 여행에서 내내 비가 오니 활동이 아무래도 제한되는 게 많았다. 하고 싶은 것도 비가 와서 못 하게 되니 짜증이 좀 났었던 것 같다. 그런데다 어떤 사찰을 갔는데, 휠체어가 전혀 들어갈 수 없어서 나는 기분이 별로 안 좋았다.

여행 중 내 휠체어는 거의 다 내 동생이 나를 밀고 다녔다. 그런데 길을 건너려고 하다가 앞에 작은 턱을 못 보고 그냥 밀어서 내 몸만 앞으로 굴렀다. 그 건널목에서 빗길에 구정물 투성인 땅바닥에 철퍼덕 내동댕이쳐진 것이다. 그렇게 된 나 자신도 싫었지만, 동생한테 짜증과 화가 치밀었다. 나는 동생에게 있는 대로 짜증을 부렸던 것 같다. 앞에 못 봤냐며, 도대체 무슨 생각으로 휠체어를 밀었냐며… 그렇게까지 화를 낼 것도 아니었고, 동생도 미안해서 어쩔 줄 모르는데 말이다.

친구와 친구 동생, 내 동생의 도움으로 휠체어에 앉아서도 화가 가라앉지 않았다. 옷도 완전히 젖어서 더러워졌고, 기분도 엉망진창이었다. 그 엉망진창인 기분을 동생에게 그대로 전해줬음은 정말 아직도 미안하다.

2007년 유럽 9개국 성지순례 여행을 엄마랑 같이 갔을 때다. 엄마는 당연히 나만 챙기셨고 계속 내 휠체어를 밀고 다니셨다. 그런데 독일이나 오스트리아 관광지는 정말 대부분 휠체어가 가기 어려운 돌길이었다. 엄마가 조심해서 다니셨지만, 시간에 맞춰 어딘가 가야 해서 빨리 가기

시련은 축복이었습니다

시작했다. 옛날 고장 난 리어카를 타고 가는 기분이랄까. 울퉁불퉁 돌길을 휠체어를 타고 빠르게 가니 나도 정신이 하나도 없었다.

도착했을 때 내 발가락에서는 피가 나고 있었다. 정신없이 가는 동안 샌들을 신고 있던 내 발이 휠체어 발판 아래로 떨어진 채로 울퉁불퉁 돌길에 계속 발이 치였던 것이다. 아무 감각도 느낌도 없는 내 발가락이지만, 피를 본 순간 엄마한테 짜증과 화가 확! 치밀어 올랐다. 동생에게 냈던 화의 몇 배를 엄마에게 냈던 것 같다. 엄마한테는 오만 짜증과 화를 다 퍼부어도 되는 것처럼, 못난 딸은 그렇게 화를 내었다.

난 가족한테는 제일 못 해주고, 남들한테 잘하는 사람을 아주 싫어한다. 그런데 가족은 매일 보는 사람이고, 너무 편해서일까. 가장 날 이해해줄 것만 같은 기분일까. 그렇다고 해도 화내고 못되게 하고 짜증을 내면 안 되는 거다! 그걸 알면서 잘 안 되는 나도 똑같은 사람인가 보다.

사랑하는 남편에게도, 소중한 아이들에게도 화를 내고 함부로 하면 안 되는데, 반성하고 있다. 한 5년 전까지 육아 우울증에, 내가 마음이 편하지 못하고 힘드니 그 화를 남편과 아이들에게 늘 내고 살았던 것 같다. 그때는 남편과 아이들이 내 마음에 들지 않는다고 생각해서 화를 내고 짜증을 냈다. 남편과 아이들이 문제가 아니라 내 마음이 문제인지도 모르고 말이다. 그걸 깨닫기가 참 힘들었다.

남편은 보살이라는 소리를 들을 정도로 화를 거의 내지 않는다. 물론 뚜껑이 열리면 감당이 안 될 정도로 화를 내기도 하는 사람이지만, 결혼 생활 13년 동안 5~6번 정도밖에 보지 못했다. 아무튼 내가 화를 내고 짜증을 내도 별 말없이 듣고 있다가 "에구~ 내 팔자야!"라고 한마디 하는 게 다이다. 이러니 싸움이 안 돼서 정말 다행인 거다. 이런 남편에게 온갖 잔소리를 하며, 나는 마음의 여유가 없던 예전에는 정말 화도 내고 짜증도 많이 냈다.

아이들에게도 마찬가지였다. 둘째가 태어나고 갈수록 떼가 늘어나고, 짜증과 투정이 많아지는 연년생 첫째 때문에 나도 덩달아 짜증과 화를 멈출 수 없었다. 어린 둘째 때문에 체력의 한계도 느꼈다. 예민한 첫째에게 나 역시 예민함으로 더 날을 세웠다. 천성이 느긋한 둘째에게도 늘 재촉하고 닦달하는 엄마였다. 아이에게 자꾸 화가 치미는 나 자신이 너무 싫었다.

왜 이렇게 화가 나는지 이유도 모르겠지만, 남편에게, 친정엄마에게도 불만 가득, 화를 주체할 수 없을 정도였다. 아이가 그냥 '엄마'라고 부르는 단순한 말에도 '왜? 왜! 왜!!!'라고 감정적으로 반응할 정도여서 내가 제대로 된 엄마가 맞나 하는 자괴감도 들었다.

더 힘들었던 부분은 아이, 남편, 엄마에게 화를 내고 난 뒤, 밀려오는 후회와 스스로에 대한 화였다. 내가 왜 이러는지, 내가 왜 이렇게 화가 나는지 모르니 답답하기만 했다. 나 스스로를 긍정적인 마음으로 되돌릴 방법이나 돌파구가 전혀 보이지 않았다. 아이를 낳은 행복, 가족과 화목한 분위기, 긍정적인 생각 같은 건 아예 머릿속에 떠오르지 않았던 때였다.

이런 내가 감정코칭 수업을 한 주, 한 주 들으며 변화가 생기기 시작했다. 나는 우선 '모든 사람의 감정은 소중하다!'라는 말에 충격을 받았다. 그전까지 특히 부정적인 감정은 나쁜 것이라서 마음에 가져서는 안 된다고 배워왔다. 그래서 모든 감정이 소중하다는 말을 듣고는 망치로 머리를 맞은 기분이었다.

그러면서 나 자신의 감정을 먼저 돌아보게 되고 내 어린 시절의 기억들까지도 꺼내서 감정을 알아차리는 과정을 겪었다. 또, 모든 감정은 의미가 있고 소중하지만, 그에 따른 행동은 타인과 자신에게 피해를 주지 않는 바람직한 방향으로 가야 한다는 것이다. 이런 것을 배우고 아이의 감정을 수용하면서 행동을 수정하는 감정코칭의 대화법을 연습하는 것이 이 교육의 핵심이다.

남편과 친정엄마의 관계에서도 마찬가지였다. 그리고 나 자신 역시 나의 감정을 알아차리고 이해하기 시작하면서 나아갈 바람직한 방향을 생각하니 우울증과 스트레스가 극복되었고 회복 탄력성도 점점 생겼던 것 같다.

247

무려 7년 전에 교육을 들었기 때문에 지금은 그때 배운 대로 잘 실천하고 있지는 못할지도 모른다. 물론 나도 사람인지라 지금도 가끔 제일 사랑스러운 첫째에게 화를 내며 혼을 낼 때가 있다. 지나고 나서 필요 없고 지나친 화를 냈다면, 그게 정말 미안할 뿐이다. 이제는 그런 생각이 들면 어른이고 엄마이지만, 첫째에게 진심으로 사과하고 용서를 구한다. 엄마가 잘못했더라도 엄마의 진심 어린 사과와 용서는 아이의 마음을 눈 녹듯 풀어지게 했다.

이렇게 내가 그 교육을 통해 배운 것들로 나에게 온 혹독한 겨울 시절이 지나갈 수 있었고, 그 뒤로도 조금씩 밑거름이 돼서 지금은 따뜻한 봄의 시절도 온 게 아닌가 생각이 든다.

감정코칭 교육이 내가 변화하는 데 큰 도움이 되었지만, 여행이나 책, 기타 그리고 다른 교육을 통해서도 나의 관점이 바뀌기 시작했다. 부정적인 사고에 갇혀 있던 나는 친정 부모님과도 관계가 그리 좋지 못했다. 육아를 같이 하던 엄마와 늘 툭탁거렸고, 화를 무작정 많이 냈었다. 그러나 나의 관점이 바뀌고 내가 마음의 여유로움을 가지니 친정 부모님을 조금씩 이해할 수 있게 되었다. 게다가 시월드는 누구나 어려울 수밖에 없는데, 시어머니와 시누이와도 한 번 서로 감정의 응어리를 허심탄회하게 풀 기회가 있었다. 그 뒤로는 너무 편하고 행복한 관계가 되었다.

시련은 축복이었습니다

퀴리 부인은 "가족들이 서로 맺어져 하나가 되어 있다는 것이 정말 이 세상에서의 유일한 행복이다."라고 말했다. 나는 앞으로 절대 가족한테 함부로 하지 말자고 다짐했다. 가족과 오해와 감정의 벽이 쌓이면 그것만큼 인생에서 힘든 것이 없었다. 밖에서 고난의 가시투성이가 된 채 집에 오더라도 그 가시마저 보듬어줄 수 있는 건 그래도 가족이다. 뭐니 뭐니 해도 가족이 행복이다! 얼른 집으로 돌아가서 가족을 사랑해줘야겠다.

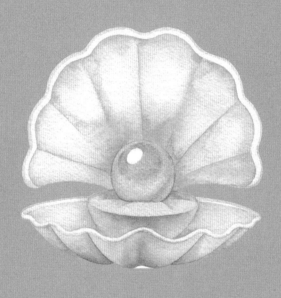

5장

시련은 축복이었습니다

적당한 거리두기가 행복한 인간관계를 만든다

코로나 시국이 되면서 전에는 거의 쓰지도 않았던 '거리두기'라는 말을 많이 쓰고 듣게 되었다. 전에는 들어보지도 못한 '거리두기'라는 말을 생각해보니, 인간관계에서도 '거리두기'는 꼭 필요한 것 같다. 친구 사이, 부모 자식 사이, 부부 사이, 형제자매 사이 등 모든 인간관계에서 거리 간격의 차이는 있을 것이다. 하지만 적당한 '거리두기'를 해야 오래 원만한 관계를 맺을 수 있다고 생각한다.

누구나 그렇겠지만, 20대 시절 나는 인간관계에서 참 서툴고 어렸었다. 열일곱 살에 사고로 다쳐서 장애인이 되고 나서 고등학교에 다시 가지 못했다. 그렇다 보니 친해질 친구가 없었다. 병문안을 꾸준히 와줬던 중학교 때 친구 두 명에게 무엇이든 다 해주고 싶었다. 대학 생활을 하면서 만날 때마다 밥이며 술이며 내가 다 샀고, 차가 있던 내가 그 친구들을 모시고 다녔다. 간도 쓸개도 다 빼줄 만큼 다 해줬다. 그게 우정을 지키는 최선이라고 생각했다.

친구에게 바라고 그렇게 해준 것은 절대 아니었다. 내가 하고 싶어서 했고, 그렇게 해야 친구들이 떠나지 않을 것 같았다. 그런데 내 마음속 은연중에 '내가 너희한테 이렇게나 했는데…'라는 이기적인 생각이 있었나 보다. 결정적인 사건이 생기자 절교를 할 만큼 친구에게 섭섭했다.

20대에 만났던 몇 명의 남자친구도 마찬가지였다. 나는 누군가 좋으면 너무 잘해주려 애를 썼고, 일방적이었다. 정말 한없이 내가 사랑하고 베풀어야 상대방이 좋아할 것이라는 착각을 하고 있었다. 더 잘못한 건 내가 해준 만큼 남자친구에게는 바랐던 것이다. 관계를 지속하는 현명한 방법을 전혀 몰랐다. 그리고 그게 오히려 애착을 넘어선 집착이었다는 사실을 깨달은 건 이별 후였다.

물론 내가 원 없이 사랑했다고 생각하니 후회가 별로 없기는 하다. 하지만, '거리두기'가 적당하게 되지 않은 인간관계는 서로가 힘들어져서 오래 가기 어렵다는 사실을 몰랐다. 적당한 '거리두기'가 필요하다는 것을 서른이 넘어서야 알게 되었다.

　인연이 되려고 했던 걸까. 내가 성숙하고 현명한 인간관계의 '거리두기'를 다행히 깨닫고 난 뒤, 남편을 만나게 되었다. 내 나이 서른둘이었다. 휠체어 배드민턴 동호회에서 같이 운동하던 분이 소개를 해주셨다. 웃는 모습이 참 선한 남편에게 처음부터 호감이 갔고, 남편은 적극적인 내 모습에 호감이 갔다고 한다.

　우리는 8개월의 연애를 했다. 이번에 나는 무조건 돌진하는 일방적인 사랑을 하지 않았다. 적당히 밀당을 했다는 말이 아니다. 사랑도 서로 주고받아야 각자가 지치지 않는 연인 관계가 된다는 걸 깨달았기 때문이다. 그리고 그전에는 상대방에게 집착하고 간섭하던 연애였다면, 이제는 합의된 서로의 영역을 존중하고 사랑 안에서 자유롭고 성숙한 연애를 했다는 것이다.

　결혼까지 하게 될 인연은 타이밍도 중요하지만, 가까운 연인 관계에서도 적절한 '거리두기'는 무엇보다 중요하다고 생각한다. 그 외의 모든 인간관계에서도 마찬가지이다. 어떤 관계이냐에 따라, 상대방에 따라 간격의 차이는 모두 다를 것이다. 그러나 간격을 무시하고 한쪽에서 일방적으로 돌진하는 관계이든지, 서로 너무 가까운 관계도 오래 지속되는 인간관계는 아닐 수 있다. 적당, 적절의 의미가 제일 어렵긴 하지만, 과유불급(過猶不及)을 생각하며 각자의 인간관계를 조절할 필요가 있다.

결혼한 뒤, 나는 남편의 직장이 울산이어서 울산에서 신혼 생활을 하게 되었다. 허니문 베이비를 임신하다 보니 5개월이 지나 배가 점점 불러오자, 친정엄마는 걱정을 너무 많이 하셨다. "네가 휠체어를 타고 혼자 아기를 어떻게 키울 거냐?"고 하시며 부산으로 내려오라고 하셨다.

나는 엄마의 넘치는 걱정과 사랑을 알고 이해는 했다. 아무리 힘들더라도 내가 어떻게든 키우고 싶었다. 하지만, 나도 아기를 낳고 키우는 게 처음이니 너무 막막했고, 거의 밤늦게 들어오는 남편을 의지할 수도 없었다. 그렇다 보니 나도 친정엄마에게 의지하기 시작했다.

결국 첫째를 출산하기 한 달 전부터 한동안은 남편이 부산에서 울산으로 출퇴근하며 친정 부모님 집에서 생활하게 되었다. 그렇게 우리 부부와 친정 부모님과의 '거리두기'는 할 수 없게 되어버렸다.

▲ 허니문 베이비 첫째를 임신하고 만삭, 출산 2일 전 ⓒ박혜정

시련은 축복이었습니다

첫째가 태어나고도 계속된 친정 부모님 집에서의 생활은 남편도 나도 너무 불편하고 스트레스를 받는 상황이 많이 생겼다. 남편은 출퇴근도 힘들고, 뜻하지 않은 처가살이에 장인 장모 눈치도 보이니 편할 리가 없었다. 나는 나대로 엄마의 육아 방식과 충돌하며 스트레스를 받기 일쑤였다. 친정엄마와 딸은 보통 육아하며 더 싸우게 되는 것 같다.

아기를 내가 돌보고 싶었지만, 엄마가 처음인 나는 겁이 났다. 불편한 몸으로 아기를 안다가 떨어뜨릴 것 같았다. 그리고 행동이 워낙 빠른 엄마는 휠체어를 타고 있는 내가 안기도 전에 먼저 안아버렸다. 첫째를 낳고 나는 유축만 했지, 첫째를 제대로 한 번 안아보지도 못했던 것 같다. 엄마가 다 해주고, 남편이 다 해주니 나도 의지를 많이 했고, 신체적으로는 내가 할 일이 없었다.

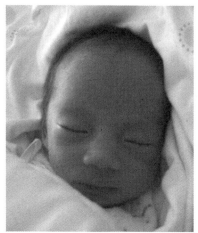 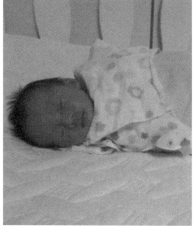

▲ 드디어 첫째가 태어나고 10일째 / 첫째가 15개월 때 태어난 둘째 ⓒ박혜정

그런데 오히려 이런 것들이 나를 점점 우울하게 만들었다. '내가 도대체 엄마가 맞나'라는 자책감이 들었다. 내가 힘들까 봐 친정엄마가 너무 힘들게 하신다는 걸 알면서도 그때는 그게 싫었다. 내가 죽이 되든 밥이 되든 힘들어도 할 수 있게끔 도와주면 좋겠다고 생각이 들었다. 신체적으로 별로 힘들지 않으니 오히려 잡생각이 든 것 같지만, 그때는 심리적으로 우울증 약을 먹어야 할 정도였다.

그러다가 첫째가 15개월일 때, 둘째까지 태어나면서 친정엄마도 신체적 한계에 다다랐던 것 같다. 모든 육아를 친정엄마가 다한 지 일 년 몇 개월이 넘었을 때, 엄마가 결국 병이 나셨다. 돌발성 난청이 갑자기 와서 일주일 입원을 하시게 되었다. 아마도 그 일이 계기가 되어 엄마 자신도 조금 깨달으신 것 같았고, 그 전처럼 모든 걸 다할 수 없다고 생각하신 것 같았다.

그래서 첫째는 친정엄마만을 따랐기 때문에 어쩔 수가 없었지만, 둘째는 아예 나보고 키우라고 했다. 육아에 겁이 나던 나도, 막상 둘째를 키우기 시작하니 할 수 있었다. 걱정을 많이 하시던 엄마도 마음을 놓으시는 것 같았다. 그 뒤 첫째도 커가면서 엄마인 내가 키울 수 있게 되었고, 점점 친정엄마는 손을 떼기 시작했다.

아이들이 4~5살 무렵부터는 거의 우리 집에 엄마가 오지 않게 되었

시련은 축복이었습니다

다. 아이를 낳고 유축만 하고 있으면서 내가 정말 엄마인가 하며 산후우울증에 많이 시달리던 나도, 엄마와의 '거리두기'가 되면서부터는, 아이들에게 엄마로서의 존재와 책임감을 느끼고 마음이 편해지기 시작했다. 산후우울증도 거의 극복이 되어갔고, 남편과의 사이도 좋아지기 시작했다. 힘든 연년생 육아지만, 부모님과 거리두기 후, 우리 부부는 부모의 책임을 더 느끼고 행복한 육아를 하게 되었다.

▲ 힘들어도 행복한 육아를 하게 된 우리 부부 ⓒ박혜정

물론 부모님이 무조건 잘못해서 나와 남편이 힘들었다고 얘기를 하는 것이 절대 아니다. 우리 엄마의 깊고 큰 사랑은 나도 알고 있다. 성년이 된 자녀라도 힘들어하면 부모가 얼마나 마음이 쓰이고 도와주고 싶은지, 부모가 되어 보니 충분히 느껴진다. 그리고 우리나라 부모 자식과의 관

계가 다른 나라의 관계보다 더 *끈끈하고* 깊게 맺어진 문화인 걸 모르는
바도 아니다.

하지만, 성년이 된 자녀가 힘들어하더라도 자녀의 선택을 존중하고,
도움을 받길 원하면 돕고, 아니면 스스로 할 수 있게 해주는 게 올바른
길이라 생각한다. 이게 안 되면, '거리두기'가 안 된 부모 자식 관계에서
서로 불편하고 서로 스트레스를 받는 경우를 많이 보게 된다. 아무리 가
까운 사이라도 적당한 '거리두기'가 되어야 원만하고 편한 사이로 오래
관계가 지속된다는 걸, 늘 되새기며 서로가 행복할 수 있는 인간관계를
가져야겠다.

시련은 축복이었습니다

02

/

혼자 해내는 성취감을 맛보라

우리 둘째는 천성이 느긋하고 너무 착하다. 잘 울기도 하고, 엄마인 내가 보기에 너무 여린 성격인 것 같다. 둘째라서, 막내라서 더 그런지 엄마, 아빠가 자꾸 해주게 되거나 첫째가 대신 해주는 일이 많았다. 둘째가 11살이나 되었지만, 독립심은 좀 부족하다고 생각했다. 아니, 독립심, 자립심을 키울 수 없게 한 내 탓이 분명히 있을 것이다.

어느 날 늦은 오후, 둘째가 창고에 있는 씽씽카를 꺼내달라고 했다. 당시에 활동지원사 이모님은 퇴근하셨고, 남편은 퇴근하지 않은 시간이었다. 창고 깊숙이 있는 씽씽카 앞에는 커다란 크리스마스트리가 막고 서있어서, 나는 도저히 꺼낼 수 없는 상황이었다. 그래서 아빠가 오면 꺼내달라 하든지, 엄마는 하기 힘드니 네가 할 수 있으면 한번 해보라고 했다.

평소 같으면 당연히 아빠가 올 때까지 기다렸을 아인데, 웬일인지 그날은 자기 혼자 해보겠다고 했다. 여태까지 혼자서 뭔가를 해본 적이 별로 없는 둘째였기 때문에, 속으로 '할 수 있을까? 괜히 더 큰 일 만드는 거 아냐?' 하면서 나는 그냥 모른 척 다른 집안일을 했다.

한참이 지난 뒤, 어떻게 했는지 모르겠지만 "엄마! 내가 씽씽카 꺼냈어!!!"라는 소리가 들렸다. 놀라서 가보니, 다른 저지레도 전혀 생기지 않았다. 창고 안의 커다란 크리스마스트리를 뒤로한 채, 둘째는 환하게 웃으며 씽씽카를 들고 있었다. 창고 안쪽 깊숙이에 있던 씽씽카를 어렵사리 꺼내고는, 내가 해냈다고 뿌듯하게 웃으며 자랑하는 둘째였다. 혼자 해내는 성취감을 둘째도 조금씩 느끼게 되는 것 같아서 나도 너무 뿌듯했다.

이런 일을 겪고 난 뒤, 우리 둘째는 부쩍 혼자 할 수 있는 일이 많아졌다. 무엇이든 처음 한 번이 어렵지, 그 다음은 쉽지 않은가. 아침에 깨우지 않아도 스스로 일어나서 학교 갈 준비도 스스로 한다. 그전까지는 늘

시련은 축복이었습니다

언니만을 따라 다니며, 학교도 꼭 같이 가곤 했었다. 이제는 혼자 학교도 씩씩하게 걸어간다. 심지어 혼자 라면도 끓이고 설거지까지 해놓는다. 똑 부러진 첫째보다 어설프다고 생각했던 둘째가 요즘은 더 혼자 하는 게 많아졌다. 우리 둘째가 드디어 혼자 해내는 성취감을 맛보게 된 것이다.

나는 아마도 20대에 혼자 독립해서 살면서부터 혼자 할 수밖에 없었기 때문에, 지금까지도 웬만하면 혼자 다닌다. 나는 밥을 혼자 먹는 것도 정말 아무렇지 않다. 나는 혼자서 숯불갈비도 구워 먹으러 가곤 했다. 혼자 병원 진료도 가고, 혼자 가게에 가서 볼일을 본다. 혼자 영화를 보거나 노래방도 가고, ○○마켓에서 거래된 아이들 중고 물품을 사러 혼자 간다.

어디든 거의 혼자 다니면, 늘 하나같이 듣는 말이, '어떻게, 왜 혼자 다니세요?'라고 묻는다. 특히 병원 진료를 보러 가면, 왜 보호자 없이 혼자 왔냐고 간호사나 의사들이 묻는 일이 정말 다반사다. 얼마 전 검사를 이것저것 하러 갔을 때도, 휠체어에서 옷을 갈아입고, 침대에 누웠다, 엑스레이 테이블에 올라갔다, 휠체어에 앉기를 수십 번 해야 했다. 보호자도 없이 온 나를 보고 아주 난감해했다.

사실 나는 2~3주 정도 병원에 입원할 때도 여태까지는 거의 혼자 했다. 혼자 입원하고 지내다가 수술이나 시술 당일이나 그 다음 날만 친정

엄마나 남편이 와서 도와줬다. 일하고 애들을 챙겨야 하는 남편과 친정 엄마이다 보니, 굳이 나를 도와줄 수 없었기 때문이기도 하다. 그리고 이제는 나도 적응이 되어서 혼자 하는 게 편하다.

아주 큰 수술을 하지 않아서 간병인이나 보호자가 없어도 가능했던 것이지만, 어쨌든 입원하면 링거를 꽂아야 하고, 링거를 꽂으면 휠체어를 타기가 쉽지 않은 건 사실이다. 그래서 화장실을 가야 하거나 샤워를 혼자 한 후에 링거를 꽂아달라고 부탁을 하는 편이다. 그게 안 되면 손목과 팔꿈치 부위가 아닌 곳에 놓아 달라고 한다. 그래야 링거를 꽂고도 혼자 움직일 수 있기 때문이다. 물론 입원한 병원에서 같은 병실에 있는 다른 간병인분들이 많이 도와주시기는 한다. 그렇지만 대소변 처리, 샤워, 물 뜨러 가는 것, 식사 식판을 받고 식당차에 꽂는 것 등등 대부분 어떻게든 혼자 하려고 한다.

나라고 힘이 안 드는 건 아니지만, 혼자 하는 그 자체로 하나하나 내가 해내는 게 뿌듯하고 기분이 좋다. 도저히 나 혼자 하기 힘든 건, 주변의 누구에게든 도와 달라고 하면 다 도와주시고, 또 도와주시면 감사한 일이다. 내 가족들이 힘든 것보다 차라리 전혀 모르는 다른 사람에게 도움을 청하는 것이 편하다. 가족이 나만을 위해 매일 따라다닐 수도 없는 것 아닌가. 그리고 나는 활동 지원 시간이 얼마 되지 않기 때문에 활동지원사 이모님께는 일단 가사 일만 부탁했다. 그러므로 내가 이런저런 도

시련은 축복이었습니다

움을 받겠다고 데리고 다니는 것은 나도 불편하고 이모님도 편하지 않을 것이다.

어디를 가나 "혼자예요? 보호자 없어요? 혼자 힘들지 않아요? 도와줄까요?"라는 말을 항상 듣다 보니, 내가 이상한 건가 싶기도 하다. 나는 꼭 필요한 경우가 아니면 "제가 할 수 있어요, 신경 써주시는 마음 정말 감사합니다." 이렇게 답을 한다. 도움을 무조건 받지 않겠다는 생각은 절대 아니지만, 일단 내가 할 수 있는 것은 혼자 하는 편이다. 그렇게 혼자 하는 아주 작은 일에도 매일 작은 성취감을 느끼고 사는 것 같다. 또, 자꾸 혼자 하다 보니 어디든 혼자 가는 게 두렵지도 않고, 스스로가 대견하고 뿌듯하다.

특히 여행을 혼자 다니기 시작하면서 나는 혼자 해내는 성취의 짜릿함과 뿌듯함을 더 느끼게 되었다. 독불장군처럼 그 어떤 누구의 도움도 받지 않고 '나홀로' 가겠다는 건 절대 아니고, 휠체어를 타는 내가 절대 그럴 수도 없는 건 사실이다. 계단이 있다든가 내가 넘어졌다든가 불가피한 경우를 제외하고, 내가 할 수 있는 것은 최대한 내가 하려고 노력한다.

혼자 여행하다 보면, 휠체어를 밀어줄 누군가가 없기 때문에 어떻게든 내가 밀고 가야 한다. 또 무거운 짐도 당연히 내 짐이니까 어떤 식으로든 내가 짊어져야 한다. 밥을 혼자 먹는 것도 잘 못하는 사람이 생각보다 많던데, 나 혼자라면 어쨌든 혼자 먹어야 한다. 혼자 하는 모든 걸 즐기다 보면, 혼자 해내는 그 성취는 느껴본 사람만이 알 수 있는 자아실현의 느낌이다.

직원 식당에서 점심을 먹더라도 뷔페식인 셀프 배식을 나는 스스로 한다. 식판을 가지고 휠체어를 움직이고 브레이크를 수시로 잠가 가며 힘들더라도, 내가 먹을 점심은 혼자 가져온다. 피치 못하게 뜨거운 국을 옮기는 것은 도움을 받기도 하지만, 내가 할 수 있는 것까지 도움을 받고 싶지는 않다. 항상 도움을 받는 존재로 내가 기억되고 싶지 않고, 장애에도 불구하고 해내는 존재가 되고 싶기 때문이다.

혼자 무언가를 하고, 그걸 혼자 해내는 게 11살 아이에게도, 45살 어른에게도 성취감을 주는 건 한 번이라도 해본 사람만이 알 수 있다. 특히 장애를 입은 사람은 처음엔 비장애인이 하는 것에 비교하기 때문에 좌절만 하고 성취를 못 느낄 뿐이다. 그런 비교 따위는 하지 말고, 나에게 주어진 상황을 받아들이고 그 안에서 내가 할 수 있는 자그만 일 하나씩이라도 찾아보자!

그 자그만 일들을 혼자 해내다 보면 나 자신에 대한 작은 성취감이 쌓여갈 것이다. 그 작은 성취감들이 쌓이면, 자존감은 점점 상승하게 될 것이고, 언젠가는 나 스스로가 정말 멋지게 느껴질 것이다. 멋지게 혼자 해내는 짜릿한 성취와 자아실현을 꼭 이루시길 바란다!

시련은 축복이었습니다

너희에게 당당한 엄마이고 싶어

예전부터 휠체어를 타고 길을 가다 보면 "아이구~ 예쁘게 생긴 아가씨가 왜 멀쩡하게 휠체어에 앉아 있대?"라고 물어보는 나이 드신 어른들을 자주 만났다. 예쁘다고 해주니 기분이 나쁘지는 않지만, 뭐라 설명하며 답하기가 애매하고 곤란했다. 길을 가다 간판이 떨어졌다고 말하기도 그렇고, 척추신경을 다쳤다고 해봤자 대부분은 그에 대해 잘 모른다. 자꾸 물어봐서서 그러저러한 상황을 얘기하면, 혀를 끌끌 차며 동정심 가득한 말을 한다. 나의 상황을 안타까워해주는 마음은 고맙지만, 과한 관심과 동정은 별로 기분이 좋지 않았다.

역시 길을 가는데 모르는 아이들을 만날 때도 마찬가지다. 아이들의 단순한 호기심이라고 생각은 한다. "와, 장애인이다! 휠체어 왜 타요?" 등의 반응에 대답하기 난감할 때가 꽤 있었다. 특히 당황스러울 때는 그런 아이와 부모가 함께 엘리베이터를 탔을 때다. "엄마, 저 아줌마는 왜 휠체어를 타? 장애인이야?"라고 아이가 물어본다.

나는 일단은 그 엄마의 대답을 들어보고 싶어서 가만히 모른 척 있다. 그 아이의 부모가 내가 원하는 대답을 해준 적은 사실 내 기억에 없다. 아니면 객관적인 사실만 말해줘도 될 텐데, 장애에 대한 편견과 잘못된 인식이 안타까울 뿐이었다.

내가 많이 겪은 경우는 위와 같이 아이들이 물어보면, 부모가 애들을 만류하기 바쁘다. 그러면서 "장애인이란 그런 말 하면 안 돼! 많이 아픈 사람이야~."라고 말한다. 심지어 아이가 나를 바라보지 못하게끔 아이의 눈을 가리는 경우도 봤었다. 그 외에도 '불구, 지체자, 장애자, 병자, 병신 등' 심한 말을 하는 경우도 정말 예전에는 겪었다. 이런 상황에서 처음에 나는 너무 위축되고, 타인의 말 한마디 때문에 정신적인 좌절을 겪기도 했다.

그래서 한동안은 그런 상황이 오면, 시선을 회피하며 아무 말을 못 하고 있었다. 뭐라고 말을 하고 대처를 해야 할지 처음엔 잘 몰랐다. 하지만 시간이 약이듯이 나의 장애를 나 스스로 점점 받아들이기 시작하면

시련은 축복이었습니다

서, 나도 누가 어떻게 말을 하든 상처받지 않고 유연한 대처를 할 수 있게 되었다. 지금의 나는 위와 같은 상황에 "큰 사고로 다쳐서 걸을 수 없게 되어 휠체어를 타는 거야. 아픈 사람은 아니고, 장애인은 맞아~."라고 한다. 아직도 가끔 당황스러운 상황이 올 때도 있지만, 최대한 장애인에 대한 그릇된 편견은 주지 않으려고 한다. 객관적인 사실과 함께 부정적인 이미지를 주지 않으려고 노력하는 편이다.

결혼하고 첫째를 낳고, 연달아 둘째까지 낳고 키우면서 애들을 어린이집에 보낼 무렵 즈음이었다. 그때부터 나는 걱정이 생겼었다. 우리 아이들이야 휠체어를 탄 엄마를 태어나면서부터 봐왔으니 아무렇지 않을 것이다. 하지만, 애들의 친구들은 나를 어떻게 바라볼지 괜히 겁이 나고 걱정이 많이 되기 시작했다.

전과 같은 상황처럼 나 혼자 겪는 거라면 잠깐이다. 하지만 이제는 내 아이들이 사회생활에서 밀접하게 겪게 될 것이다. 휠체어 탄 엄마 때문에 놀림을 받지 않을지, 위축되지 않을지 너무 고민이 많이 되었다. 정말 혹시나 우리 애들이 장애인인 엄마를 부끄러워하지 않을지도 너무나 두려웠다. 그 생각을 하니 정말 끔찍했다. 만약 애들이 나를 부끄러운 존재로 여긴다면, 나도 스스로가 얼마나 싫어지고 힘들지 상상도 하기 싫었다.

그래서 나는 일단 우리 애들에게 엄마의 긍정적인 이미지를 심어주려고 노력을 했다. 엄마가 아무것도 못 하고 휠체어에 앉아 있는 나약한 존재로 보이지 않기 위해 애썼다. 그래서 아이들이 잠을 자는 시간 외에는 될 수 있으면 눕지 않고 앉아서 아이들과 놀아주었다. 무엇이든 하는 모습을 보여줬다. 집안일이든, 공부든, 직장 업무든, 운동이든 아이들에게 엄마가 무엇이든 열심히 하는 모습을 보여주었다. 그런 모습을 계속 봐왔기 때문인지 우리 애들은 지금까지도 우리 엄마는 힘들지만 못 하는 게 없는 엄마라고 생각하는 것 같다. 그렇게 생각해주는 아이들에게 나는 너무 감사하다.

더불어 엄마가 누구의 잘못도 아닌 우연한 사고로 다쳐서 이렇게 휠체어를 타게 된 상황을 잘 설명해주었다. 그리고 누구나 크고 작은 사고로 장애인이 될 수도 있다는 것도 말해주었다. 이런 얘기를 아이들에게 한 이유는 장애인이 특별하지도 않지만, 그렇다고 이상한 것도 아니라는 걸 말해주고 싶었다. 또한 아이들이 휠체어를 타는 엄마를 숨기고 부끄러워하지 않기를 바라는 마음이었다.

그러기 위해서 나는 나 스스로를 더 드러내야겠다고 생각했다. 아이들의 어린이집 행사부터 엄마들의 모임 등에 절대 숨어 있지 않았다. 무조건 더 적극적으로 참여했다. 휠체어를 탄 엄마도 있다는 걸 오히려 더 보

시련은 축복이었습니다

여주려고 했다. 그래서 애들이 어린이집, 유치원을 다닐 때부터 행사나 모임은 거의 빠진 적이 없었다. 어린이집 운영위원도 기회가 주어져서 했다.

우리 애들이 친구들에게 엄마가 휠체어를 타게 된 이유를 잘 말해줘서 인지, 순수한 아이들은 나를 있는 그대로 받아들여주는 느낌이었다. 심지어 어떤 아이는 나에게 와서 "에구~ 아줌마, 간판이 떨어져서 이렇게 다쳤다면서요?!"라고 말하며 애처로운 눈으로 바라보며 휠체어를 쓰다듬어 주기도 했었다. 7살짜리 아이가 능청스럽게 말하는 걸 보니 너무 웃기기도 했지만, 아이의 진심 가득한 마음이 느껴져서 울컥하기도 했다.

첫째가 초등학교에 입학했다. 1학년 담임 선생님께서 어떻게 나의 적극성을 보셨는지 학교 운영위원을 하라고 하셨다. 그 후로 4년째 학교 운영위원도 했다. 그리고 역시 학교의 행사, 모임에도 될 수 있으면 빠지지 않고 모두 참석하는 편이다. 아이들의 학년이 올라가면서 새로운 담임 선생님을 만나게 된다. 선생님들은 처음에는 휠체어를 타는 장애인 엄마라는 인식만이 있었다. 하지만 학교 일에 적극적으로 참여하는 모습을 보시고는 그냥 보통의 학부모와 똑같이 대해주시거나 혹은 더 좋게 봐주셨다.

작년 5월, 애들을 데리고 제주 한 달 살기를 갔다 왔었다. 아이들은 코로나19 특수 상황이라 원격수업과 체험학습을 활용했다. 선생님들의 배려가 있었기 때문에 너무 감사했다. 그때 선생님들과 나도 교류를 더 많이 하게 되었다. 선생님께서는 휠체어를 타고도 애들과 여행하는 나를 더 좋게 봐주시기도 했다. 또, 한 달 살기를 선생님께서도 하고 싶다며 자세히 물어보시기도 했다. 그 이야기로 선생님과 수다를 한참이나 떨었다.

나는 애들의 학교에 종종 가게 되면, 하교하는 아이들 중 대부분은 "OO 엄마, 안녕하세요!"라고 먼저 인사를 해준다. 혹시나 우리 애들을 만나게 되면, 부끄러워하기는커녕 저 멀리서부터 "엄마~~~." 하면서 정말 반갑게 달려오는 딸들이다. 너무 큰 소리를 지르며 달려와서 오히려 내가 부끄러울 지경이다. 이런 나를 부끄러워하지 않고 달려오는 아이들이 너무나 사랑스럽다. 나는 단지 휠체어를 타는 장애인 엄마가 아닌, 그냥 우리 두 딸의 엄마이기 때문에 아이들 학교에 가는 것이 전혀 두렵지 않다.

대체로 부모 중 아빠보다 엄마가 아무래도 애들과는 긴밀하고 친밀할 수밖에 없는 관계일 것이다. 그런 엄마가 애들 옆에 늘 있어준다는 것만으로도, 아이들은 정서적인 안정 속에 든든함이 가득할 것이다. 아이들은 옆에 있어주는 엄마가 비록 휠체어를 타는 장애인이라도 상관없는 것

272

같다. 항상 옆에 있고, 사랑만 듬뿍 준다면 말이다.

게다가 휠체어를 타는 장애인 엄마임에도 당당하고 멋진 엄마라고 애들이 느낀다면, 이보다 더 좋을 수 있을까! 애들은 엄마의 겉모습이 보잘것없든 어떻든, 그래도 씩씩하고 당당하게 사는 엄마를 본다. 그러면 덩달아 아이들도 씩씩하고 당당하게 자랄 것이라 믿어 의심치 않는다. 그래서 나는 우리 아이들을 위해 오늘도 더 씩씩하게, 더 당당하게 살아보려고 다짐해본다.

04

/

아이들과 공감하는 나만의 방법

가끔 애들이 도서관에서 책을 빌려온다. 예전부터 첫째가 빌려와서 읽고는 나에게 "엄마, 이 책 너무 재밌어! 읽어봐~."라고 했었다. 나는 그때 뭐가 그리 바빴는지, 책을 읽을 마음의 여유도 없었고, 애들 책은 유치할 거란 생각에, "○○아, 엄마는 그 책 재미없어. 미안해, 다음에 볼게."라고 말하고 넘겨버렸다.

첫째는 어릴 때부터 책을 많이 읽어주신 친정엄마 덕분에, 내가 읽지 않아도, 늘 책을 가까이하는 아이였다. 그런데 엄마라는 사람이 책 읽는 걸 동조해주지도 않고, 또 코시국이다 보니 TV와 휴대폰에 더 빠지게 되었다. 점점 첫째도 책을 멀리하는 느낌이었다. 그래도 간간이 학교 도서관에서 읽는 첫째였다. 놀 거리도 없고, 피아노 학원은 빨리 가고 싶지 않고, 학교 도서관에서 놀다가 간다고 전화를 받았다. 나는 당연히 도서관에서 놀다가 피아노 가라고 했다. 그게 다였다.

그러다 얼마 전부터 나도 책을 읽어야겠다고 마음을 먹고, 집에서 조금씩 읽기 시작했다. 책을 읽는 모습을 보여주니 둘째도 읽기 시작했다. 첫째는 말할 것도 없이 책을 읽게 되었다. 아직 책을 읽어서 큰 변화가 있는 건 아니지만, 우리 집의 긍정적인 변화가 일어나고 있었다.

이번에도 첫째가 도서관에서 책을 빌려왔다. 그런데 이번에는 나도 마음을 먹고 첫째가 빌려온 책을 단숨에 읽었다. 책 제목은 『복희탕의 비밀』이었다. 첫째가 이 책을 보고 있을 때 아빠가 인어가 되었다는 이야기라고 했다. 제목도 뭔가 웃기고, 아빠가 인어가 돼? 그러면서 처음엔 유치하게 느꼈다. 첫째가 다 읽고 놔둔 책을 집어 들었는데, 읽으면서 점점 빠져들었다.

책의 첫머리, 어느 날 갑자기! 아빠가 인어가 되었다!

읽다 보니, 다리를 못 쓰게 된 아빠를 받아들이기 힘들었지만, 아빠를 도와주는 아이의 이야기였다. 아빠가 장애를 가지고 가족에게 짐이 되지 않으려고 시설로 들어가려는 현실적인 이야기가 있었다. 그런 이야기가

275

아이들의 눈높이에 맞게 쓰인 동화였다. 나는 읽으며 비슷한 입장이니 인어가 된 아빠처럼 마음을 먹었을 것 같은 동질감을 느꼈다.

휠체어 탄 엄마나 아빠를 두지 않은 아이들은, 책을 읽으며 잘 모를 수도 있을 창의적인 이야기다. 그렇지만, 우리 딸들은 정말 공감하며 읽을 수 있을 책이었다. 중도 장애를 가지게 된 가족이 있을 때, 다른 가족들이 장애인이 된 가족을 잘 받아들이고 현명하게 대처할 수 있게 해주는 따뜻한 이야기였다.

예전에 첫째가 재미있다고 한 책들을 같이 읽고, 첫째와 공감대를 형성할 걸…. 지금은 후회가 된다. 그러나 지금이라도 늦은 건 없다. 이제부터라도 아이들과 책으로 공감을 하려고 노력하고 있다. 우리 아이들이 고른 책은 정말 괜찮은 책들이기 때문이다.

올해 초부터는 아이들과 글쓰기로 소통하고 있다. 아이들의 공부에 도움이 되니까 굳이 시키는 건 아니다. 내가 글쓰기를 하면서 글을 쓰는 재미도 느꼈지만, 글쓰기의 위력을 알게 되었다. 여행이든 지난 일이든 단 몇 줄이라도 기록하니까, 기억 속에 묻힐 뻔한 과거가 생생하게 살아날 수 있었다. 20년, 10년 전의 기억이 끄적임으로 살아났고, 또 지금의 끄적임은 10년, 20년 뒤 나에게 살아 있게 된다는 걸 확실하게 느꼈다. 자신의 발자취를 기록하는 것은 아주 중요한 것 같다. 기록하지 않으면 사라져버리고 마니까.

그리고 글쓰기를 통해 자신의 생각을 글을 쓰면서 정리할 수 있다는 것이 제일 좋은 것 같다. 물론 독서도 중요하지만, 독서는 경험과 지식을 담는 인풋(In-put) 과정이다. 반면 글을 쓰는 것은 나의 경험과 지식을 풀어내고 아웃풋(Out-put)하는 생산적인 활동이다. 머릿속에 전혀 정리가 안 되던 것이 글을 쓰면 신기하게 정리가 된다.

힘들고 화나는 일이 있을 때도 글을 쓰면 감정이 정화되고, 마음도 정리가 된다. 행복하고 기쁜 일을 글로 쓰면 그 행복은 두 배 이상이 되어 오래도록 남게 된다. 내 생각과 감정을 기록하는 것은 결국 나를 찾아가는 길이며, 나 자신을 알아가는 과정이다. 이렇게 글쓰기만으로 사람은 크게 성장하고 성숙한다는 건 분명하다.

이렇게 나는 글쓰기가 모든 일의 기본이 되고, 엄청난 장점을 가졌기 때문에 아이들에게 글쓰기를 하게 했다. 그러나 글쓰기는 처음에 누구에게나 쉽지 않다. 우리 아이들도 초등학교 저학년 1~2학년 때까지 쓰던 일기를 중단한 뒤로는 글쓰기를 어렵게 느끼는 것 같았다. 나는 아이들에게 4줄 이상만 쓰면 되고, 그 어떤 주제로 써도 괜찮다고 했다. 글을 쓰는 부담을 없애주기 위해 노력을 했고, 글을 쓰면 좋은 점을 설명해주었다.

처음에 아이들은 솔직히 정말 겨우 4줄만 채우는 간단한 글을 썼다. 그런데 날이 갈수록 글이 길어지기도 했고, 내용도 점점 알차지는 게 보였다. 아이들이 매일 글을 쓰면 나는 시간이 날 때마다 아래쪽에 응원과 칭찬의 댓글을 남기고, 사랑한다고 써주었다. 내가 그렇게 써주기 시작하자 아이들은 더 신이 나서 글을 쓰게 되었다.

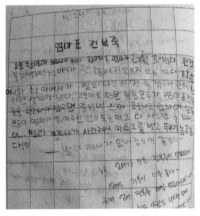

▲ 첫째의 글과 둘째의 글 ⓒ박혜정

시련은 축복이었습니다

우리 아이들은 이제 10줄 정도 글을 쓰는 건 별로 어려워하지 않는다. 첫째는 본인의 상상력을 동원해 '위지의 일기'라는 동화를 쓰고 있다. 아직은 스토리가 부족하지만, 쓰는 만큼 첫째의 글은 늘 것이다. 언젠가 멋진 동화를 쓸 첫째를 응원한다. 둘째는 소소한 일상에 대해 자세하고 재밌게 쓰고 있다. 어릴 때의 일상이 모여서 둘째의 인생에 밑거름이 되길 소망한다. 이렇게 우리의 글쓰기는 나와 아이들이 긍정적인 소통을 하는 행복한 방법이 되었다.

마지막으로 내가 아이들과 공감하는 방법은 아이들의 거의 모든 행동에 긍정적인 반응을 하는 것이다. 여기서 긍정적인 반응이라고 하면, 당연히 칭찬하는 것을 포함한다. 많이들 알고 있겠지만, 칭찬은 고래도 춤추게 한다니 아이들도 칭찬으로 자존감을 높이게 된다. 아이들뿐 아니라 누구에게나 칭찬은 관계가 좋아지는 길이 되는 것 같다.

칭찬을 하는 것 외에 내가 말하는 긍정적인 반응은 아이들이 하고자 하는 일에 대해 웬만하면 'OK! Yes!'를 해주는 것이다. 사실 나도 아이들이 대여섯 살까지는 '안 돼!', 'No!'를 입에 달고 살던 사람이었다. 장난감을 사달라거나 무언가 하고 싶다거나 무얼 하자고 조를 때, 버릇이 나빠질까 봐, 혹은 내가 귀찮아서 무조건 안 된다고 했었다. 육아 우울증으로 내 마음의 여유가 없어서 더 그랬던 것 같다. 그때까지는 아이들에게 짜증과 화를 내기만 했다. 그런데다 엄마가 무조건 안 된다고만 하니, 아이들의 얼굴은 불만이 가득해서 늘 뾰로통해 있고, 밝은 모습이 아니었다.

그러던 내가 여러 가지를 통해 관점을 바꾸고 여유로워지기 시작했다. 아이들이 나쁜 짓을 하는 것도 아니고, 해가 되는 걸 해달라는 게 아닌 이상 들어줘도 되는 거였다. 만약 아이에게 해가 되는 것, 안 좋은 영향이 가는 것, 나의 육아 기준에 절대 안 되는 것은 해줄 수 없는 일이다. 하지만 안 된다고 말할 때도, 감정코칭 교육에서 배운 대화법으로 아이의 감정을 공감해주고 안 되는 설명을 하면 되었다. 화나 짜증을 낼 게 아니라, 차근차근 아이를 가르치면 되는 거였다.

현재 5학년, 4학년인 우리 아이들은 학교 수업이 끝나면 후, 방과 후 수업 1시간을 한다. 그리고 학원은 월, 수, 금요일은 피아노, 화, 목요일은 음악줄넘기만 다닌다. 공부를 시키는 학원은 내가 보내고 싶지 않아서이다. 대신 태블릿으로 공부하는 학습 프로그램 하나로 둘이 번갈아가며 매일 두세 과목을 공부하는 게 다이다.

그리고 책 한 권을 읽고 글쓰기는 평일에만 한다. 주말은 아이들에게도 여유를 준다. 이것만 지켜서 하면, 나는 그 뒤로 자유 시간을 준다. 빨리 끝내고 자기 전까지 TV나 휴대폰을 보고 있어도 그냥 놔두는 편이다. 미디어의 폐해를 걱정하기도 하지만, 이제는 제한한다고 될 나이가 아니다. 또 미디어 세상에서 살아야 하는 아이들에게 무조건 차단하는 것도 방법이 아니라고 생각하기 때문이다.

학교를 마치고 학원을 가기 전, 친구들과 놀겠다고 하거나, 주말에 친구와 놀겠다고 하면 어디서 누구와 노는지는 물어보고 대부분 놀게 한다. 둘이서 어디를 가겠다고 하면 혹시나 하는 마음에 걱정은 되지만, 갈 수 있도록 도와주고 자유를 준다. 부모의 절대적인 큰 테두리 안에서 자유를 주는 것은 아이들에게 꼭 필요하다고 생각한다.

내가 5~6년째 이렇게 아이들에게 너그럽고 여유로워지자 사춘기에 접어드는 첫째는 우리 가족이 너무 좋다고 한다. 서로 존중해주고 무엇이든 할 수 있게 도와주는 가족이라고 한다. 하고 싶은 것, 10개 중에 적어도 9개는 할 수 있게 해주는 세상에 단 하나뿐인 특별한 가족이라고 한다.

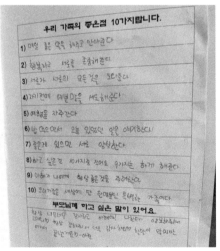

▲ 첫째가 학교에서 우리 가족의 좋은 점 10가지를 써왔는데, 감동이었다. ©박혜정

5장_시련은 축복이었습니다

어릴 때 불안증과 문제행동을 보이기도 했던 첫째가 지금은 너무 밝고 긍정적인 생각을 하는 아이로 자라고 있는 것 같아 너무 행복하다. 또한 가족에 대해 이렇게 좋게 생각해주는 첫째에게 너무 고마운 생각이 든다. 천성이 온화한 둘째도 늘 밝고 즐거운 모습으로 잘 자라는 것 같아서 정말 감사하고 또 감사할 뿐이다. 아이들이 부모의 손을 떠나는 날까지, 나는 우리 아이들과 이런 행복한 소통을 계속하고 싶다.

05

/

딸들에게 바라는 단 한 가지

나의 연년생 딸들은 올해 초등학교 5학년, 4학년, 12살, 11살이다. 아이들이 대화가 가능해지고 말귀를 알아듣는 네다섯 살 무렵부터 부모로서 아이들에게 중요하다고 느끼는 가치를 알려주고 가르치게 되었다. 거의 모든 부모가 자녀들이 올바르게 살 수 있도록 자신의 신념을 얘기할 것이다. 나 역시 내가 중요하다고 생각하는 가치관, 신념, 도덕, 의무 등에 대해 지금까지 계속 얘기해왔었다.

'정직해라, 성실해라, 무엇이든 해봐라, 다른 사람을 배려해라, 다른 사람의 마음을 생각해봐라, 가족이 제일 중요하다, 부모가 해주는 것에 감사해라, 생각을 바꾸면 모든 걸 감사할 수 있다, 넌 제일 소중한 사람이다, 넌 뭐든 할 수 있다, 너 자신을 제일 사랑해라, 네가 제일 하고 싶은 일을 해라.' 등등 내가 배워왔고 경험했고 느껴왔던 것을 나의 아이들에게 심어주려고 노력을 했다.

그 중, 내가 가장 아이들에게 강조하고 제일 바라는 한 가지는 바로 자매인 너희 둘이 제일 아끼고 위해주며 지내라는 것이다. 나도 아직 나이가 얼마 안 되지만, 내가 지금까지 살아오면서 형제자매 관계가 제일 소중하다고 느꼈기 때문이다. 어쩌면 인생의 가장 오랜 친구이자 버팀목, 동반자가 될 수 있는 건 형제자매가 아닐까 생각한다.

부모는 자식을 목숨처럼 사랑하지만, 오래도록 있어줄 수는 없다. 그러나 형제자매는 어린 시절을 공유하며 누구보다 서로를 잘 아는 관계이다. 그런 든든한 사람끼리 서로 배려하고 힘들 때 돕고, 기쁠 때 함께 기뻐하며 산다면 얼마나 좋을까. 대체로 비슷한 나이로 특별한 일이 없다면 노년까지도 함께할 수 있는 사이다.

물론 형제자매가 남보다 더 못한 사이가 될 수도 있다는 걸 안다. 자라면서 제일 서로 시기, 질투의 대상이 되기가 쉽기 때문이다. 그런데다 가까운 관계이니 더 싸우게 되고, 서로에게 상처를 입혀서 회복할 수 없는 사이가 되어버리기도 한다. 심지어 정말 그 소중한 사람들이 서로 으르렁거리며 원수처럼 지내는 경우도 본 적이 있다.

『형제자매 사이』 - 아델 페이버, 일레인 마즐리시는, "어린 시절 형제

시련은 축복이었습니다

자매 간의 싸움은 평생 상처로 남아 삶을 좌지우지하고, 성인이 되어 인간관계에도 부정적인 영향을 끼친다. 아이들이 상처를 받지 않으려면, '부모가 아이들 각자를 특별하게 사랑해주어 아이가 부모로부터 절대적인 사랑을 받고 있다고 확신해야 한다.' 더불어 형제자매들이 원수가 아닌 슬픔과 기쁨을 나누는 인생의 동반자라는 것을 깨닫게 해주어야 한다."라고 말했다.

나는 부모로서 이걸 해야 한다고 생각한다. 휠체어 탄 엄마인 나는 다른 사람들보다 훨씬 힘들다면 힘들게 아이 두 명을 낳았다. 그런 소중한 아이들이 절대 원수처럼 지내지 않게 부모로서 노력해야 하지 않을까. 싸울 수는 있지만, 서로에게 상처를 입히지 않게, 만약 상처를 입혔다면 서로 어루만져주며 회복할 수 있게 도와야 한다.

아이들이 싸우고 감정이 격해져 있을 때, 중요한 것은 부모가 판사가 되어 '네가 잘했어, 잘못했어!'라고 판단하지 않는 것이다. 그리고 아무리 한 아이가 더 잘못했더라도 절대 한쪽 편만 들어서는 안 된다는 것이다. 또한 아이 각자의 말을 따로따로 듣고, 먼저 억울하고 화나는 감정을 수용해주어야 한다. 무조건 화해만 시키려고 감정을 억누르게 하거나 감정을 제대로 풀어주지 않으면, 잠재적인 더 큰 불덩이를 안고 가는 것과 같다. 사람은 누군가가 내 감정을 알아주는 것만으로도 특히 부정적인 감정은 풀리는 경우가 많다. 아이의 감정을 받아들여주고, 그다음으로 차분하게 아이를 가르치고 올바른 길로 이끌면 된다.

　제일 어려운 것은, 부모가 되어보니 아이가 두 명 이상일 경우, 똑같이 사랑을 느끼게 하는 것이다. 정말 쉬운 일이 아닌 것 같다. 나는 똑같이 사랑을 주고 똑같이 대해준다고 생각하지만, 받는 아이들의 입장에서는 시기와 질투가 일어나는 경우가 너무 많았다. 그렇더라도 부모가 이걸 염두에 두고 노력하는 수밖에 없다. 아이 한 명, 한 명에게 최고로 사랑한다는 말을 계속해주고, 아이 스스로가 엄마 아빠의 사랑을 듬뿍 받고 있다고 최대한 느끼게끔 해줘야 한다.

▲ 어릴 때 우애 있는 모습을 보면 그렇게 흐뭇할 수가 없다. ⓒ박혜정

시련은 축복이었습니다

이렇게 형제자매 간의 우애는 아이들이 성인이 되어 인생을 사는 데 참으로 중요하다고 생각한다. 그래서 나는 아이들에게 엄마 아빠가 없으면 너희 둘밖에 없으니, 늘 힘이 되어줄 사람도 너희 둘밖에 없을 것이다, 친구나 다른 어떤 가족, 어쩌면 너희 배우자보다 너희 둘이 제일 오래도록 함께할 사람이라고 계속 말해주고 있다.

나도 4살 차이가 나는 여동생이 있다. 내가 다치기 전에는 동생이 어렸고, 일하시는 엄마를 대신해 엄마같이 언니같이 많이 챙겨주었다. 다치고 난 뒤에는 챙겨주지도 못했고 함께할 시간이 없었다. 동생이 사춘기를 겪는 시절에 나는 오랜 병원 생활 후에 바로 대구로 대학을 가버렸고, 내가 부산으로 내려왔을 때는 동생이 서울로 대학을 가버리고 없었다.

나는 동생에 대한 마음이 좀 애틋한데, 챙겨주지 못해서 미안한 마음이 크다. 그런데다 지금은 같이 오순도순 지내고 싶지만, 16년째 미국에 있으니 그럴 수도 없다. 물리적인 거리만큼 애틋한 마음은 더 가득하다. 하지만 우린 성격이 너무 달라서, 동생도 그런 마음인지는 모르겠다. 그렇겠지? 나는 자매끼리 서로 아껴주고 더 가깝게 지내지 못해서 아쉽기만 하다.

항상 이런 마음을 품고 살던 나에게 연년생 딸내미들이 생겼다. 이 아이들을 키우며 둘이는 정말 둘도 없는 사이가 되었으면 좋겠다는 간절한 바람을 가지고 있었다. 연년생이라 4~5년은 키우기가 너무 힘들었지만, 그 뒤로 둘이서 잘 노는 모습을 보며 너무 흐뭇했다.

12살, 11살이 된 지금은 둘이 너무 사이좋게 논다. 다른 친구가 필요 없을 정도이다. 어쩌다 싸울 때가 있기는 하지만, 금방 화해하고 큰 싸움이 나지는 않는다. 똑같은 내 배에서 나왔는데, 둘의 성향은 어쩜 이렇게 다른지 모르겠다. 오히려 성향이 달라서 크게 안 싸우고 지낸다는 생각이 든다. 정말 다행인 거다.

▲ 내가 태어나 지금까지 제일 잘한 건, 너희를 낳은 일이야! ⓒ박혜정

시련은 축복이었습니다

서로 챙겨주고 안아주는 모습을 보면 밥을 먹지 않아도 배가 부를 정도이다. 더 커서 사랑하는 사람을 만나면 다른 소리를 하겠지만, 아직까지는 결혼 안 하고 둘이 살 거라고 한다. 그 얘기를 듣고 피식 웃었지만, 엄마인 내가 봐도 둘의 우애가 뿌듯하기 그지없다.

사랑스러운 아이들이 내가 불의의 사고로 휠체어를 타는 장애인이 되어 그동안 힘든 시련을 겪고 지난 세월을 견딘 최고로 큰 선물인 것 같다. 내가 죽지 않고 살아 있으니 이런 행복도 가진다고 생각했다. 심지어 내가 다치지 않았다면, 사랑하는 이 아이들이 없었을 테니, 다치길 잘했다고 생각하기도 했다. 감사하고 또 감사한 일이다.

물론 아직도 내 딸내미들은 미성숙하고 부족함이 많지만, 나름대로 잘 커나가고 있다고 믿고 있다. 부족한 점이 많은 엄마이지만, 앞으로 내가 더 많이 노력한다면 더 멋진 아이들로 성장할 거라 믿는다. 또한 부모가 본보기가 되어 평화로운 공존이 가정 안에 깃들 수 있도록 하는 것도 중요할 것 같다. 그러면서 엄마 아빠가 지속적인 대화를 하는 모습을 보여주며, 아이들도 대화를 통해 갈등을 현명하게 풀 수 있도록 도와야 할 것이다.

나는 우리 딸들이 어른이 되어서 엄마 아빠가 없더라도, 둘도 없는 자매이자 단짝이고 소울 메이트로 서로 위해주며 살기를 바란다. 둘이 함께 이 세상을 행복하게 산다면, 정말 더 바랄 게 없다. 보잘것없는 내가 이 세상에 와서 지금까지 한 일 중에 최고로 잘한 일은 너희를 낳은 일이란다. 현혜야, 사랑한다! 엄마가 늘 기도하고 응원할게!!!

06

/

사랑이 깃든 일은 영원하다

나에게 너무 예쁜 아이 둘이 생겼다. 정말 무엇보다 소중한 아이들이지만, 연년생 육아는 마음처럼 되지 않았다. 사랑만을 줘야지 생각했지만, 울고 떼쓰는 아이들에게 나도 짜증만 냈다. 특히 예민하고 까탈스러웠던 첫째에게는 육아 우울증에 시달리던 내가 사랑을 줄 만한 마음의 여유를 가지지 못했고, 오히려 더 화만 냈다.

4살까지 야경증이 있었던 첫째는 밤마다 갑자기 깨서 한 시간 이상을 이유 없이 울어 대니 미칠 노릇이었다. 달래다 안 되어서 매일 밤 유아차를 태워 나다녔고, 남편과 나는 밤이 무서울 정도로 너무 힘들었다. 밤마다 힘들게 하고 낮에도 울고 떼쓰는 첫째에게 모진 말도 하고 벌도 세웠다. 악순환이 계속되었던 것이다. 최고로 소중한 아이에게 화를 내고, 아이에게 상처를 주는 말을 서슴지 않고 하는 내가 얼마나 잘못되었던 것인지 몰랐다.

그러다 첫째가 계속 손톱을 물어뜯고, 둘째에게 화풀이를 하는 모습을 보게 되었다. 어느 날은 첫째가 손톱을 물어뜯다 못해 손톱깎이로 피가 날 정도로 제 살을 깎는 모습을 봤다. 처음에는 하지 말라고 잔소리하며 혼을 내기도 했다. 하지만 어느 순간 문득, 그게 결국 나 때문에 아이가 저 지경이 되었다는 생각이 들었다. 내가 아이에게 정말 잘못했구나! 사랑만 줘도 부족한 아이들에게 어른인 내가 내 감정을 있는 대로 다 풀었구나! 너무 미안한 마음밖에 들지 않았다.

그 생각이 들기 시작하면서 내가 변하지 않으면 안 된다고 깨달았다. 까탈스러운 아이에게도 내가 안정적으로 대해야 아이가 편안해지는 거였다. 그러기 위해 코로나 상황 전이라 정말 온갖 육아 강의는 찾아서 들었다. 오은영 박사님의 강의도 부산 BEXCO에서 열릴 때마다 갔다. 그 외에도 김미경, 구성애, 한비야, 김창옥, 최성애 등의 유명하고 도움이 될 만한 강의는 모조리 찾아서 들었다. 정말 도움이 되는 강의가 많았고, 나를 많이 일으켜 세워줬다. 그중 제일 내가 도움이 되었던 강의는 '감정 코칭' 12주 강의였다. 그 강의를 듣고 아이들에 대한 나의 말이 달라졌고,

남편에게도 말이 달라지니 우리 가족은 정말 달라졌다.

누군가 화가 나고 억울한 일이 있을 때, 그 감정만 공감해줘도 정말 그 마음이 풀린다. 아이가 무슨 이유인지 모르지만 울고 떼를 쓸 때, 우리 첫째의 감정을 이렇게 받아들였다. '너의 감정이 힘들었구나, 네가 예민한 건 그래서 이랬구나, 너의 감정은 너무 소중한데, 그 감정을 계속 무시하고 지냈구나, 그래서 서로 힘들었구나.'라고 말이다.

아이는 그냥 자신의 감정을 공감하고 그 자체로 받아들이는 엄마가 필요한 것이다. 그렇게 감정만 공감해줘도 아이는 엄마가 내 편이라고 느끼며 안정감을 찾기 시작한다. 아이도 스스로 자신의 감정을 추스르고, 엄마인 나도 내 감정을 들여다볼 여유가 생겼다.

그 다음은 '사랑'이었다! 아이에게 필요한 것은 정말 '사랑'밖에 없었다. 아이를 향한 무한한 부모의 사랑을 아이가 느낄 수 있게 해주었다. 아이를 자꾸 안아주고, 사랑한다고 무조건 말했다. 엄마가 이 세상에서 최고로 잘한 일은 첫째를 낳은 일이라고 말해줬다. 너는 엄마 아빠의 보물이고, 무엇보다 소중한 존재라고 계속 알려줬다. 그러자 아이의 울음과 떼가 조금씩 줄어들기 시작했다.

첫째가 다섯 살 이후부터 지금 열두 살이 된 7년 동안 우리 가족은 행복한 변화를 겪어왔다. 서로에게 매일 좋은 말을 해주고 안아주고, 서로를 도와줬다. 저녁을 먹으며 따뜻한 이야기가 오고 갔고, 자기 전에 꼭 예쁜 말을 서로 해주었다. 가족여행도 많이 다니며 함께 어려움을 극복하고 추억을 쌓으며 더 돈독한 사이가 되었다. 우리 가족은 각자 하고 싶은 일은 북돋아주고, 서로 존중하며 정말 행복하고 화목한 가족이 되었다.

사랑이 깃든 행동만이 사람을 변화시킬 수 있다. 사랑이 충만한 사람은 어떤 힘든 시련이 와도 극복하기가 그렇지 못한 사람보다 쉽다. 첫째가 다섯 살 이전까지 제대로 된 사랑을 주지 못했던 게 엄마로서 너무 미안하고 죄책감이 든다. 하지만 그 이후 몇 배 더 많은 사랑을 주기 위해 지금도 노력 중이다. 우리 아이들이 앞으로 힘든 일을 겪더라도 내면이 사랑으로 가득해서 그 사랑의 힘으로 살아갈 수 있었으면 하고 간절히 소망한다.

나는 중학교 3학년 때, 내 인생의 처음 이별을 겪었다. 나를 정말 많이 사랑해주셨던 친할아버지가 심장마비로 갑작스레 돌아가셨기 때문이다. 할아버지는 고위 경찰공무원으로 재직을 하셨다. 그러다가 불미스러운 일에 휘말려 억울한 누명을 뒤집어쓰시고, 정년을 몇 년 남기고 조기 퇴직을 하셨다고 한다.

그래서인지 한국에 대한 미련이 없다며, 내가 초등학교 6학년 때쯤 모

시련은 축복이었습니다

든 걸 정리하고 미국에 이민을 가셨다. 미국에서 어떤 생활을 하셨는지 잘 모르지만, 불과 3년이 지나서 싸늘한 주검으로 한국에 돌아오셨다.

비행기로 할아버지의 시신이 도착해서 살던 집으로 왔다. 관 뚜껑을 열어 할아버지의 마지막 모습을 가족들에게 보여주었다. 할아버지는 남색 정장에 넥타이를 단정하게 매고 계셨다. 창백한 얼굴로 눈감고 계시던 할아버지의 모습, 나는 그날을 아직도 생생하게 기억하고 있다.

우리 아빠가 3대 독자였고, 내가 아들이었으면 4대 독자가 되었을 것이다. 그러나 할아버지의 첫 손주인 나는 원하던 아들이 아니었다. 그렇지만 할아버지는 단 한 번도 나에게 '네가 아들이었으면 좋았을 텐데.'라든가, '딸이라, 여자라서.' 등의 말을 하신 적이 없다. 또 아들이 아닌 딸이라서 받은 서러움이나 차별을 겪은 기억도 거의 없다. 정말 나를 너무너무 예뻐하셨고, 잘한다고 잘할 수 있다고 늘 응원하고 격려해주셨다.

게다가 나는 일곱 살 때까지 할아버지 무릎에 앉아 식사를 같이 했다. 그래서 지금까지 할아버지가 좋아하고 자주 드시던 음식을 너무나 좋아한다. 할아버지와 함께 저녁을 먹던 그 따뜻하고 푸근했던 사랑의 기억만이 남아 있다. 그렇다 보니 할아버지의 죽음, 할아버지와의 이별은 정말 내게 큰 충격이었다.

295

마지막 임종을 보지 못했고, 심장마비로 돌아가셨으니 마지막 유언이나 할아버지의 목소리도 전혀 들을 수 없었다. 너무 슬펐고, 한동안은 울기도 많이 했다. 할아버지의 사랑이 너무 그리웠다.

우리 가족 중 다른 사람은 거의 30년이 지난 지금까지 할아버지를 별로 기억하지 않을 것 같다. 왜냐하면 할아버지는 사회적으로는 성공하셨을지 모르나, 나를 제외한 가족들에게는 무섭고 엄하기만 하셨다. 그리고 내 밑으로 내 동생이나 사촌 동생들에게는 나보다는 사랑을 주시지도 않았던 것 같다. 유독 나를, 나만 그렇게 예뻐하신 할아버지가 너무 보고 싶었다.

어릴 적 할아버지의 사랑이 크면서 지금까지 학교생활을 하고, 사회생활을 하면서 내 속의 단단한 힘을 준 것 같다. 심지어 사고를 당해 장애인이 된 상황에서도 할아버지의 따뜻한 사랑은 내게 응원과 격려가 되어 큰 힘을 주었다.

하루아침에 장애인이 되고 그 사실을 받아들일 수 없어서 죽고만 싶었을 때, 꿈에 나타나셨다. 말 한마디 하지 못하고 죽는 것보다 살아 있으니 감사해야 한다. 네가 죽으면 할아버지는 너무 슬퍼서 하늘에서도 편하게 있을 수 없다고 꿈에 나타나 말해주셨다. 그 꿈을 꾸고 난 뒤, 나는 어쨌든 살아야겠다, 살아 있는 걸 감사하자는 생각이 들었다. 할아버지

시련은 축복이었습니다

는 돌아가셔도 좌절만 하는 손녀에게 이렇게 큰 힘이 되어주신 것이다.

잘한다, 잘할 수 있다고 어릴 때부터 믿어주시고, 사랑해주셨던 할아버지의 마음이 나를 다시 살게 했다. 할아버지의 사랑이 나 스스로에 대한 자신감과 내면의 강인한 힘이 되어 왔다고 느껴진다. 할아버지의 따뜻한 사랑은 내게 영원히 기억될 것이다.

사랑이 깃든 일은 영원하다!

/

인생 뭐 있나!

유명 대기업에 15년째 다니고 있는 친구가 있다. 남들이 다 부러워하는 대기업에 다니고 있지만, 이 친구는 가끔 나에게 전화해 너무 힘들다고 했다. 과중한 업무도 스트레스지만, 상사와의 스트레스가 너무 크다고 했다. 또 밑에서 치고 올라오는 후배들과의 경쟁도 압박감이 심하다고 했다. 언제 잘릴지 모를 불안감도 많이 든다고 했다.

급기야 최근에는 우울증과 온몸이 아픈 증세까지 나타났다고 한다. 병원에 가서 검사를 해봤지만, 원인을 찾을 수도 없었다고 했다. 친구는 일을 그만두고 싶다는 얘기를 나에게 꺼냈다. 사실 내가 친구에게 이래라 저래라 할 건 아니지만, 아무리 대기업이라는 타이틀이 있다고 해도 스트레스를 받아 가며 건강을 해치면서 계속 일할 이유가 없다고 나는 생각했다.

특히나 친구는 미혼이기 때문에 걸릴 것이 없다. 혼자 몸 멀쩡한데 못할게 없다고 생각했다. 그래서 나는 "넌 뭐든 할 수 있으니 걱정하지 마라. 네가 정말 하고 싶은 걸 해보는 게 어떨까?"라고 응원하면서 조언을 해주었다.

얼마 전 아주 밝은 목소리로 친구에게 전화가 왔다. "나 그만 뒀어! 이제 제주도로 여행을 갈 거야~ 너무 신나!!!" 친구의 밝은 목소리를 들으니 나까지 신이 날 지경이었다.

그만두고 난 후의 계획은 아직 아무것도 없다고 했다. 그러니 부모님과 주변 사람들은 또 무슨 계획이 있어서 그만두냐고, 그 좋은 직장을 왜 그만두냐고 다들 뭐라고 하신다고 했다. 나는 두말도 않고 "잘했다! 네가 그만한 결정을 한 데는 분명히 이유가 있잖아. 앞으로 네가 다른 걸 또 못 할게 뭐 있니? 좀 쉬고 충전을 하면서 천천히 생각해보면 되지."라고 적극적으로 응원해주었다.

나는 친구에게 말한 것처럼 하고 싶은 대로 사는 게 가장 좋다고 생각한다. 그리고 하기 싫은 일을 억지로 참고 하는 건 무엇보다 시간 낭비이고, 스스로를 힘들게 만든다고 생각한다. 제아무리 대기업인들 퇴사한다고 하늘이 무너질 것도 아니고, 친구의 인생이 망하는 것도 아니다.

물론 엄살을 피워가며 조금 힘들다고 매번 그만두고 다른 일을 찾으라는 말이 아니다. 끝까지 최선을 다해서 하는 데까지 했는데도, 이건 아니다 생각이 들고 극도의 스트레스를 받는다면 나는 다른 방법을 찾아야 한다고 생각한다. 내 얘기가 친구에게 얼마나 도움이 되었을지는 모르겠지만, 힘들어하던 친구가 어쨌든 활기를 찾고 즐겁고 행복한 삶을 살았으면 좋겠다.

나는 작년 한 해 동안 제주도만 4번을 다녀왔다. 4월에 2박 3일을 아이들과 갔다 왔고, 5월 중순부터 6월 중순까지는 아이들과 한 달 살기를 했다. 10월에 5박 6일은 혼자 다녀오고, 12월 말에 4박 5일은 우리 가족이 다 함께 갔다 왔다. 또 12월 중순에는 가족과 함께 울릉도도 여행했다. 중간중간 짬짬이 부산 근교로 여행도 많이 다녔다.

나는 가고 싶다는 생각이 들면 거의 바로 예약해버린다. 무언가 하고 싶다는 생각이 들 때도 마찬가지로 바로 실행하는 편이다. 성격이 그렇다 보니 사람들과의 모임이나 여행을 거의 내가 주도할 때가 많다. 그런데 내가 다 알아보고 가자고 해도 망설이는 사람이 너무 많다. 내가 이상한 건지 몰라도, 별로 대단한 것도 아닌데 여행이나 모임을 망설이는 게 나는 솔직히 이해가 잘 안 된다.

그래서 요즘은 친구나 주변 지인들에게 총대 매고 내가 먼저 하자고 권하지 않는다. 왜냐면 내가 괜히 하자고 했다가 오히려 내가 스트레스를 받는 경우가 많았다. 그래서 이제는 그냥 우리 가족끼리, 남편이 시간이 안 되면 나랑 애들만, 애들이 시간이 안 되면 나 혼자 하고 싶은 건 조용히 한다. 내가 원하고 바라는 것을 하려면 무조건 실행하는 것뿐이다. 실행하고 나서 하는 후회보다 하고 싶은 일을 하지 않아서 남는 후회가 더 크다는 걸 알기 때문이다.

그리고 나는 하기 싫은 건 죽어도 하기 싫은 사람이다. 반대로 하고 싶은 건 어떻게든 해야 하는 사람이기도 하다. 예전에는 이게 나의 큰 단점이라고 생각했다. 나는 무엇이든 꾸준하고 진득하게 하지 못했기 때문이다. 꾸준하고 묵묵하게 견디며 끝까지 하는 사람을 부러워했다. 나는 왜 그렇게 못하는지 자책하기도 했다.

대학 시절 아르바이트야 단기로 하는 거니 상관없었다. 졸업 후 내가 다닌 회사들은 리더십 교육 회사를 5년 가까이 다닌 것 말고는 거의 6개월, 1년을 못 넘기고 그만두었다. 변명을 하자면, 욕창이 생기기도 했고, 몸이 너무 힘들었다. 하는 일의 의미와 보람도 별로 느끼지 못했었다. 하기가 싫으니 아무리 견뎌보려고 해도 나는 잘 안 되었다. 이 일 조금 하다 저 일 조금 하다 돈이 좀 모이면 여행 가기 바빴고, 나는 '꾸준히'가 안 되는 사람이라고 자책했다.

그렇게 제대로 된 직장 하나 없이 내가 하기 싫으면 그만두고 여행이나 다니고, 돈이 없으면 또 직장을 구해서 일했다. 하지만 내가 하고 싶은 대로 살았던 나의 2~30대는 거의 후회가 없다. 내 또래의 누구보다 나는 경험이 많고, 즐겁게 살았기 때문이다. 여러 가지를 조금씩이라도 많은 것을 경험하니 오히려 요즘은 잘하는 게 많다고 칭찬받기도 한다.

이제는 꾸준히 무언가를 못 하는 나 자신을 자책하지 않는다. 작심삼일(作心三日)은 결심이 단단하지 못해서 사흘을 가지 못한다는 부정적인 말이다. 처음에는 나는 왜 맨날 작심삼일일까 자책했지만, 생각해보니 삼 일마다 신발 끈을 다시 묶으면 되는 거였다. 삼 일밖에 꾸준히 못 해도 계속 삼 일씩 자꾸자꾸 하면 되니까, 이제는 상관하지 않는다.

앞으로도 나는 내가 하고 싶은 대로 살 것이다. 그게 오히려 나에게는 정답이었으니까 말이다. 내가 하고 싶어서 했으니 실패를 해도 내가 책임지면 될 일이었다. 실패해서 힘든 상황이 와도 내가 하고 싶어서 한 거니 내가 견디면 되었다. 견딜 수 있었다. 내가 원해서 했으니까.

만약 남이 시켜서, 다른 사람 눈치 때문에 했는데 실패를 한다면 어떨까? 남을 탓하고 원망할 수밖에 없다. 엄마가 하라는 대로 살았다는 30대의 여자 이야기를 들은 적이 있다. 엄마가 공부하라고 하니 했고, 이 대학을 들어가라고 하니 다녔다고 한다. 엄마가 선 자리를 알아봐 줘서 선을 봤고, 엄마가 원하는 남자와 결혼했다고 한다. 결혼 후, 남편과의 불화로 이혼할 처지에 놓이자, 모든 스트레스와 분노가 결국 엄마에 대한 원망으로 밖에는 나오지 않았다고 했다.

시련은 축복이었습니다

이건 당연한 일 아닐까? 아무리 사랑하는 엄마이지만, 엄마와 나는 다른 존재다. 그런데 엄마가 시키는 대로 사는 것은 내 삶이 아닌 것이다. 남이 하라는 대로 했으니 일이 그르쳐졌을 때 당연히 남 탓을 할 수밖에 없는 것이다.

"내가 하고 싶은 대로 사는 삶은 정말 후회가 없다.
내 마음이 이끄는 대로 사는 삶은 실패가 있더라도 후회는 없다."

이 글을 읽는 분들은 살아가는 데 적어도 힘들어하지 않고, 마음이 이끄는 하고 싶은 일 하며 신나고 즐겁고 행복했으면 좋겠다. 그리고 하고 싶은 일, 가고 싶은 곳이 생기면 일단 하고 보자! 인생 뭐 없다. 좋은 사람과 함께 하고 싶은 거 즐겁고 행복하게 하는 것밖에는.

난 정말 지금까지 말한 대로 '인생 뭐 있나! 내가 스트레스 안 받고 하고 싶은 일 하며 즐겁고 행복하게 살면 되지!'라는 생각뿐이다. '인생 뭐 있나! 까짓것 무엇이든 해보면 되는 거고, 해보고 하기 싫음 안 하면 되는 거지~.', '인생 뭐 있나! 좋은 생각만 하고, 좋은 사람만 만나서 내 인생도 좋아지면 되는 거지!'

더 행복해질 나의 인생, 당신의 인생을 진심으로 응원합니다!!!